MILAGROS
MAJESTUOSOS

MILAGROS MAJESTUOSOS

Dios puede usar a una persona ordinaria
para hacer cosas extraordinarias

Dra. Clarice Fluitt

Milagros Majestuosos © 2015 Clarice Fluitt

Es traducción de la obra original en inglés:

Ridiculous Miracles © Clarice Fluitt

A menos que se indique, el texto Bíblico ha sido tomado de la versión Reina-Valera © 1960 Sociedades Bíblicas en América Latina; © renovado 1988 Sociedades Bíblicas Unidas. Utilizado con permiso.

El texto bíblico indicado con NTV ha sido tomado de la Santa Biblia, Nueva Traducción Viviente, © Tyndale House Foundation, 2010. Usado con permiso de Tyndale House Publishers, Inc., 351 Executive Dr., Carol Stream, IL 60188, Estados Unidos de América. Todos los derechos reservados.

Las citas bíblicas indicadas con LBLA son tomadas de LA BIBLIA DE LAS AMERICAS © Copyright 1986, 1995, 1997 por The Lockman Foundation. Usadas con permiso.

ISBN: 978-0-9903694-2-4

Publicado por: Clarice Fluitt Enterprises, LLC
P O Box 15111, Monroe, LA 71207
www.claricefluitt.com
www.claricefluitt.org

Diseño de cubierta: Emery Thibodeaux
Corinne Sanzone

Dedicatoria

Para AMIGO: Cuando yo tenía cinco años de edad, un Hombre vestido en túnica blanca y un gran cinto de oro bajó por una escalera de oro desde el cielo, caminó hacia mí mientras yo hacía pastelillos de lodo bajo un árbol, sonrió y me preguntó qué era lo que estaba haciendo. Le contesté: "Estoy haciendo cosas de la tierra". Él se rió y dijo que Él también había hecho eso en algún momento. Le pregunté cuál era Su nombre. Me dijo, "Llámame Amigo". Ése fue mi primer encuentro con Jesús. Él ha sido mi fiel y mejor Amigo por toda mi vida".

Para mi tío Seville y tía Bessie Banks, quienes, una semana después de que me tocó conocer a Amigo, me llevaron a la iglesia por primera vez. Mi tío Seville me cargó y corrió por el pasillo orando en voz alta, "Señor, bendice a esta niñita y úsala para tu gloria". Él también me dedicó al Señor. Para todas las personas de su congregación quienes también oraron y me marcaron para apartarme para hacer las obras de Dios. Jamás se sabrá cuánto su acto de obediencia impactó mi vida.

Reconocimientos

Cada acto de gratitud refina nuestra alma.

Yo he sido extremadamente bendecida al tener tantas amistades excelentes y enriquecedoras que han servido para informar y transformar mi vida. Entre estos tesoros figura mi personal brillante quienes fielmente laboran ante cada desafío. La Dra. Tandie Mazule, mi asistente ejecutiva, y la Dra. Evon Peet, mi asistente administrativa pasaron muchas horas, día y noche, para editar y cotejar esta obra. Su visión, compilación y formateo de este libro son lo que lo hizo posible. Una fuerte palabra de gracias a Carol Martínez por su ayuda con la traducción y el diseño interior. Solamente la eternidad revelará cuánto sus llamamientos y elecciones han cambiado al mundo. Son campeones.

No puedo siquiera comenzar a agradecer a todos los que han sido una influencia positiva para mí a través de los años, pero cada uno ha contribuido a mi entendimiento del poder que es desatado cuando escogemos apropiarnos de la plenitud de los MILAGROS MAJESTUOSOS en nuestras vidas.

A mis preciosos padres Clyde y Audie Brown, por su amor al continuamente animar y alentarme y por mi capacitación cristiana. Aprendí acerca de los milagros gracias a mis padres maravillosos Clyde y Audie Brown. La vida de mi mamá estuvo llena de milagros desde la edad de cinco años. Ella fue mi inspiración más grande. El amor y apoyo de mi papá estableció mi confianza y seguridad. No hay suficientes adjetivos para describir mi amor y aprecio por Mamá y Papá.

A George, mi fiel marido y alma gemela. Soy bendecida por haber compartido tantos años maravillosos y memorias contigo. Has sido mi campeón y confidente. Hemos experimentado una vida de milagros para la gloria de Dios. Gracias por tu amor y paciencia infinita que anima y respalda el llamamiento de Dios sobre mi vida.

A mis hijos que han vivido en un ambiente de milagros, Debra, Becky, Cathy, Trey y Julie. Todos ustedes son flechas fuertes en mi arco.

Recomendaciones

¡Me encantó este libro! Desde el primer capítulo me vi cautivado por el testimonio tumultuoso. ¡Me colgaba de cada palabra como si estuviera en el paseo más emocionante de montaña rusa en mi vida! Se ha dicho que un testimonio simplemente es dolor que ha sido reasignado. La historia de la vida de la Dra. Clarice es una de avanzar a pesar de la adversidad — en lugar de amargarse, aprovechó cada oportunidad para mejorar. Continuamente busco recursos que profundizan mi fe y a la vez me desafían a entrar al destino que Dios tiene para mí. Éste es uno de esos libros. Te bendecirá en gran manera y te recordará que la valentía, la determinación, y la fe inquebrantable ¡te lanzarán a una vida de milagros majestuosos y bendiciones sin límite!

JOSHUA MILLS
EVANGELISTA DE SANIDAD, AUTOR,
ARTISTA MUSICAL
NEW WINE INTERNATIONAL, INC.

Entre todas las cualidades que busco en un Estratega y Asesor Personal, una cualidad de suma importancia es la intuición. La habilidad de combinar fundamentos estratégicos y la intuición se manifiestan cuando el Asesor tiene un oído diligente para escuchar lo que el cliente está diciendo, a la vez que un oído interior que oye lo que se necesita decir. Una de las personas que mejor cuenta con estas habilidades es la Dra. Clarice Fluitt. Ella tiene la habilidad singular de ver los planos ya terminados de la vida de una persona, mientras que a la vez puede divisar acertadamente el próximo paso que necesitan tomar. Una y otra vez ha demostrado esta habilidad conmigo personalmente.

Al avanzar en tu propia búsqueda personal, efusivamente recomiendo a la Dra. Clarice y te animo a entablar su ayuda. Puedes anticipar una experiencia que cambiará tu vida.

DR. LANCE WALLNAU
AUTOR, MENTOR DE LIDERAZGO
Y ESTRATEGA DE CRECIMIENTO
THE LANCE LEARNING GROUP

Tabla de contenido

PARTE I

Introducción 17

CAPÍTULO UNO
La travesía 26

CAPÍTULO DOS
Necesito conocer al Dios que hace milagros....................39

CAPÍTULO TRES
El bautismo del Espíritu Santo 46

CAPÍTULO CUATRO
Llena, transformada, y totalmente sana 52

CAPÍTULO CINCO
Oh, Señor, conocerte es mejor que la vida 61

CAPÍTULO SEIS
¡Corre, Clarice, corre!.................................... 69

CAPÍTULO SIETE
Dios es un Dios de restauración.............................73

PARTE II

CAPÍTULO OCHO
Un asiento en el centro de la primera fila....................85

CAPÍTULO NUEVE
Moviendo tus límites. 90

CAPÍTULO DIEZ
El nombre de Jesús está sobre todo nombre....................93

CAPÍTULO ONCE
Se te ha comisionado a hacer las obras mayores. 101

CAPÍTULO DOCE
Eres una palabra enviada por Dios 107

CAPÍTULO TRECE
Dios ya te ha dado la victoria.......................................112

CAPÍTULO CATORCE
Dios te permitirá creer lo que necesitas creer a fin de llevarte a donde te quiere llevar...118

CAPÍTULO QUINCE
Los campeones viven de manera diferente a la gente ordinaria...... 126

CAPÍTULO Dieciséis
Dios tiene un plan 131

CAPÍTULO DIECISIETE
Cambia tu percepción 139

CAPÍTULO DIECIOCHO
Sé que Dios te ha dado tu milagro............ 141

CAPÍTULO DIECINUEVE
No limites a Dios 144

CAPÍTULO VEINTE
Se fructífero y multiplica 152

Soy candidato para milagros 165

Declaraciones 175

Escoge estar de acuerdo con Dios 177

Prólogo

JOAN HUNTER

Soy una mujer que ha vivido en una familia de personas que obran milagros, así que conozco bien lo que es una vida de milagros. Sin embargo, este libro, *MILAGROS MAJESTUOSOS,* ¡es uno de los libros más inspiradores y emocionantes que he leído! Los increíbles testimonios de la Dra. Fluitt tratan de milagros entre los más asombrosos. Encenderán tu fe, lanzándote a una esfera totalmente nueva. ¡Prepárate porque tu fe y amor se van a elevar a nuevas alturas en Cristo!

En mi experiencia, muchos cristianos se vuelven conformistas y se contentan con simplemente admirar a aquellos que son los pioneros de la fe. Gracias a Dios, hay quienes están dispuestos a pagar el precio necesario para explorar y conquistar nuevos territorios. Han escogido identificarse plenamente con la Palabra de Dios y han accedido al poder resurrector de Jesús. Son los campeones de la fe que continuamente se están profundizando más y más en las promesas de Dios.

Algunos cristianos siguen la dirección de otros en vida y ministerio. Se contentan con imitar a quienes admiran. Gracias a Dios que algunos han estado dispuestos a ser pioneros para el bien de otros. Gracias a Dios que algunos han estado dispuestos a pagar el precio necesario para llevar al cuerpo de Cristo a mayores niveles de productividad y gloria. Algunos han estado dispuestos a salir de lo establecido y identificarse con Cristo de tal manera que pueden acceder al poder sanador y resurrector de Jesús, para el bien de todo el cuerpo de Cristo.

La Dr. a Fluitt es una de esas personas. Es una voz profética probada quien continuamente lleva a miles a alcanzar toda su potencial en Cristo Jesús. Acompañan su ministerio milagros, sanidades y aun resurrecciones. Ella tiene un humor singular y su manera tan afable de acercarse a la vida y ministerio atrae a personas de todas las edades y circunstancias.

Recomiendo efusivamente que leas *Milagros Majestuosos*. Sus testimonios poderosos te animarán a superar todos tus desafíos, y te enseñarán a confiar en Dios y su gracia y poder sobrenatural.

JOAN HUNTER
AUTORA/EVANGELISTA DE SANIDAD
JOAN HUNTER MINISTRIES

Parte Uno

Entre más grande

el cambio,

más grande

la recompensa

Introducción

Quién soy y por qué escribí este libro

En 1 Tesalonicenses 5:12 se nos instruye a reconocer a "los que trabajan entre vosotros". Con este pensamiento en mente, quiero compartir mi historia, y es mi confianza que servirá de información, inspiración y fortalecimiento para ti y tu camino de fe con nuestro Dios Omnipotente y Todo Conocedor.

No menosprecien estos modestos comienzos.

(Zacarías 4:10 NTV)

Creo firmemente que las oraciones de mi abuela materna, a punto de morir recién después de haber dado a luz a su quinto bebé, han servido para desatar liberación en su linaje amado. Mi mamá me contó que todos sus hijos rodearon la cama de su mamá en sus últimos momentos de vida. Lo único que su mamá decía u imploraba era, "Oh Dios, cuida a mis bebés. La Palabra de Dios me promete eso a mí y a mi familia y a toda persona a quien has llamado". Esas fueron sus últimas palabras.

El nombre de mi abuela materna era Lonie. Ella contaba con solo 24 años de edad cuando pasó a la eternidad, dejando a cinco pequeños, desde recién nacido hasta siete años, y su marido afligido de dolor. Era el invierno de 1929, y la Gran Depresión había devastado a los Estados Unidos. La economía estaba en una situación desesperante, y era imposible conseguir empleo. Mi abuelo James, quien yo llamaba cariñosamente Papá Jim, sepultó a su esposa, y sin empleo, ni caballo, ni mula, ni carreta, ni teléfono ni alimento, tuvo que enfrentar el hecho que ahora tenía que alimentar y cuidar su familia desamparada.

> Según la medida que experimentamos limitación, frustración, y humillación también podemos experimentar exaltación sin orgullo.

Estoy convencida que según la medida que experimentamos limitación, frustración, y humillación, también podemos experimentar exaltación sin orgullo. Todos podemos aprender obediencia a través de las cosas que sufrimos. He aprendido a no desperdiciar mis penas con lamentos, venganza, o amargura. Escojo creer que Dios siempre es bueno. Dios tiene un plan.

Papá Jim y sus hijos vivían en un lugar rural muy aislado. No había ni vecinos ni familiares que pudieran ayudarle. Era un tiempo en la historia de los Estados Unidos en que todos enfrentaban grandes luchas y obstáculos. Para que Papá Jim pudiera salir para de alguna manera conseguir alimento para su familia, era necesario dejar a su hija mayor, Mildred, de siete años, y a Audie, de cinco, como las encargadas de la casa y la familia. Regresó con dos conejos y comenzó a preparar los alimentos para la familia. Accidentalmente dejó su escopeta, todavía cargada, en una silla. Uno de los niños la tiró accidentalmente. La escopeta se disparó y amputó el pie de Audie, mi mamá. Otra vez, no había médico ni transportación. Tres días después llegaron oficiales del departamento de servicios sociales, y se llevaron a todos los niños y los colocaron en un orfanatorio bautista. Mi mamá había perdido a su mamá, su pie y su familia en menos de dos semanas.

LA RESPUESTA A LA ORACIÓN DE UNA MAMÁ

Una moneda de cinco centavos y una naranja

Mi mamá me contó que ella vivía en el orfanatorio cuando llegó la Navidad. Ella nunca había visto un árbol de Navidad ni había escuchado acerca de Jesús. Nunca había recibido un regalo, y en el orfanatorio se referían a ella como "la niñita lisiada" en vez de su nombre, Audie.

Un predicador conocido como "Daddy Flowers" (Papi Flowers) estaba visitando el orfanatorio y había traído regalos de Navidad: fruta fresca y una moneda de cinco centavos para cada uno de los niños. Pasaron a todos los niños a una gran sala donde había un hermoso pino de Navidad decorado con luces y adornos de vidrio. Daddy Flowers vio a mi mamá y le dijo, "Niñita lisiada, ven para acá". Mi mamá me contó que ella estaba totalmente maravillada con el árbol de Navidad mientras se acercaba al frente de la sala. Daddy Flowers amorosamente puso a mi mamá en su regazo y le preguntó si conocía cuál era el significado del árbol de Navidad y si sabía quién era la persona cuyo nacimiento se celebraba durante esos días. Mi mamá simplemente sacudió su cabeza para indicar que no sabía.

Daddy Flowers entonces le explicó que había un Dios amoroso quien quería que ella lo conociera, porque entonces ella viviría para siempre en el cielo y nunca más experimentaría dolor, soledad, or rechazo. Él le dijo que Dios había enviado a Su hijo desde el cielo a la tierra para salvar a toda persona que creía que Él era el Hijo de Dios. El propósito del hermoso árbol de Navidad era recordar a todos que Dios nos había regalado Su mayor regalo a cada uno de nosotros cuando envió a Su hijo Jesús. Explicó que en esa época cada año, recordamos el nacimiento de Jesús e intercambiamos regalos en memoria de Él.

Mi mamá estaba tan asombrada con esta historia que valientemente le preguntó a Daddy Flowers qué era lo que ella tenía que hacer para ir al cielo. Él le contestó: "Te voy a regalar una moneda de cinco centavos y una naranja, y luego tú puedes invitar a Jesús que entre a tu corazón". Ese fue el día que mi mamá recibió su primera naranja, su primera moneda de cinco centavos, y su primer amor, el Señor Jesucristo.

Años después, ella se había ganado el primer lugar en su clase cuando se graduó de la escuela, y llegó a ser una secretaria ejecutiva exitosa para una compañía grande de alimentos. Era una mujer de gran fe y amor asombroso, quien ejemplificaba lo que es ser campeón, victoriosa y un amante de la Palabra de Dios. Todos sus hermanos también recibieron a Cristo y fueron entrenados en la Casa Hogar Bautista. La intención del diablo para hacerles mal, Dios lo transformó para el bien. Nuestras tragedias pueden convertirse en nuestros triunfos, especialmente cuando una madre a punto de morir envía oraciones hasta el cielo y un Dios amoroso las recibe. Toda esta información es con el fin de jactarnos en la fidelidad de Dios.

LAS ORACIONES DE MI ABUELA MATERNA

De regreso al futuro

Es necesario que conozcas y entiendas la historia de mi mamá antes de que puedas apreciar la mía. Mi mamá fue producto de extrema pobreza y todos los horrores consecuentes: un hogar destruido, negligencia médica, y un tiempo nacional de depresión económica. Tal parecía que no había esperanza. Pero a la edad de cinco años, conoció a Jesús y entró a una vida de victorias.

Mi mamá se casó a una edad muy joven con mi papá, Clyde Brown. Yo nací en abril de 1940. Mi mamá tuvo un tiempo extremadamente difícil durante su embarazo. Cuando estaba por dar a luz, los médicos descubrieron que ella tenía muchos tumores en su matriz. Durante el parto, vinieron hemorragias. Después del parto, los médicos le hicieron una histerectomía completa. Además, después de años de descuido, la pierna derecha donde tenía su pie lisiado se había secado. Los médicos descubrieron que el fémur derecho tenía gangrena, y fue necesario amputar su pierna derecha inmediatamente.

Y luego, se declaró guerra – la que llegó a ser conocida como la Segunda Guerra Mundial - el 8 de diciembre, 1941.

Por los próximos dos años, mi mamá estuvo muy enferma. Mi papá hizo todo lo que podía para cuidar de ella durante su recuperación. Pero ahora había guerra por todas partes, y mi papá también entró al ejército y lo enviaron a Alemania. Mi mamá

> Amigo apuntó a la escalera de oro y me dijo que un día yo causaría que muchos subieran por esa escalera. Colocó su mano sobre mi hombro y me dijo: "Nunca más te vas a sentir sola".

y yo tuvimos que irnos a vivir con los papás de mi padre. Una vez que se había recuperado, mi mamá regresó al trabajo. Debido a una falta de transportación donde vivían mis abuelos, mi mamá tuvo que ir a vivir con su hermana con fin de estar cerca de su lugar de empleo. Me dejaron con mis abuelos, aunque su casa ya estaba demasiado llena de por sí, con tres hijos chicos en una casa pequeña de dos recámaras.

RECUERDA LAS ORACIONES DE MI ABUELA MATERNA

Cuando yo contaba con cinco años de edad, todavía estaba viviendo con mis abuelos paternos. Un día estaba jugando bajo un árbol frondoso cuando, por primera vez en mi vida, comencé a escuchar una música hermosa. Los cielos se abrieron y bajó a tierra una escalera de oro. Un Hombre vestido en una túnica blanca y un gran cinto color oro bajó por la escalera y caminó hacia mí. Le pregunté cómo era que había bajado del cielo. Él sonrió y me preguntó qué era lo que yo estaba haciendo. Le contesté, "Estoy haciendo cosas con la tierra". Él se rió y dijo que Él también había hecho eso antes. Le pregunté cuál era su nombre y me contestó, " Llámame Amigo".

Entonces apuntó a la escalera de oro y me dijo que un día yo causaría que muchos subieran por esa escalera. Entonces colocó su mano sobre mi hombro, y dijo, "Nunca más te vas a sentir sola". Sonrió, y luego se fue. Ese fue mi primer encuentro con Jesús. Él ha sido mi Amigo fiel por toda mi vida. Yo estoy agradecida por la gracia amorosa de Dios que trasciende todo lo imposible y todas las situaciones sin esperanza en la vida. Nadie está demasiado lejos del amor de Dios. Yo sé que Dios ama a los niños solos y desamparados.

He proclamado la Palabra, el poder y el amor de Dios por todo el mundo. He visto a los muertos levantarse, extremidades perdidas volver a crecer, quemaduras de tercer grado sanar, fortunas ser restauradas, y mucho más. Pero nada me conmueve mi corazón más que saber que Dios ama a los niños pequeños y que escucha las oraciones apasionadas.

Mi primer sermón fue acerca de la verdad de que nada es imposible para Dios. Mi consejo para todos los que aspiran servir a Dios es que aprendan a escuchar Su voz. Nunca comiences una obra sin una Palabra por parte de Dios. En tiempos de gran adversidad, permanece de pie y no desmayes. Nunca he visto a los justos desamparados, ni que Su simiente mendigue por pan.

La semana después de que conocí a "Amigo", el hermano de mi abuelo, mi tío Seville, llegó a la casa de mis abuelos y les dijo que me quería llevar a la iglesia junto con su familia. Mi tío Seville estaba casado con una dama pentecostal muy devota, llamada Bessie. Yo solo tenía cinco años y no conocía bien a ninguno de los dos.

Yo nunca había ido a la iglesia, pero no me tardé mucho en darme cuenta que la iglesia era muy emocionante. Había personas cantando, alabando en alta voz, y danzando. Tío Seville me levantó y corrió hacia adelante conmigo en brazos, orando en voz alta,

"Señor, bendice a esta pequeñita y úsala para tu gloria". En ese momento, él me dedicó al Señor, mientras que las oraciones y la intercesión de toda la congregación me marcaron, apartándome para el Señor. Todos me rodearon y me impusieron manos, cantando y alabando.

Yo inventé un canto y comencé a cantar con ellos. Puedo recordar que las palabras de mi canción eran acerca de un granjero que tenía una pala, cavó un hoyo, plantó una semilla, y hubo una gran cosecha que creció y creció. Era un canto simple muy infantil, y fue la primera canción que canté en mi vida.

Cuando mi abuelo paterno falleció años después, canté su himno favorito, "A solas al huerto yo voy" en su funeral. En esa ocasión, era un canto real. Mi tío Seville estaba en el funeral y fue muy amable. Me dijo, "Siempre supe que ibas a ser cantante". Esa fe que mi tío tuvo en mi se hizo realidad gracias a mi entrenamiento formal en ópera. Muchos años después, cuando mi tío Seville tenía 100 años de edad, me dijo, "Lonie, fui por la hijita de Audie y la dediqué al Señor. Quiero decirte que ella va a estar bien", y luego se fue, sin darse cuenta con quien estaba hablando. Él pensó que yo era mi abuela materna Lonie, y le estaba asegurando que las oraciones a favor de su linaje, que ella oró antes de morirse, se estaban contestando. Mi tío Seville falleció esa noche.

¡Las oraciones son poderosas!

DIOS ES SOBERANO

Todos estamos en guerra. Todo lo que cae dentro del mal está en contra de todo lo que es justo y recto. Entender lo que significa la guerra nos puede ayudar a navegar a través de conflicto, lucha, y confusión. Según el diccionario *Webster*, la guerra se define como un conflicto armado y abierto entre cualquier hostilidad, contención o lucha; batallar por dominio, libertad, y paz.

Efesios 6:12 instruye a los santos que la guerra en la cual estamos no es en contra contra seres humanos, sino contra poderes, contra autoridades, contra potestades que dominan este mundo de tinieblas, contra fuerzas espirituales malignas en las regiones celestiales. Se nos instruye que nuestras armas de milicia para destrucción masiva no son carnales sino que son poderosos en Dios, y ¡pueden destruir todas las fuerzas de satanás! Tenemos el Nombre de Jesús, la Palabra de Dios, la Sangre del Cordero, y toda la armadura de Dios.

Cuando comenzamos nuestro caminar en Cristo, aprendemos que debemos creer la Palabra de Dios si verdaderamente queremos darnos cuenta de los beneficios de la salvación. Jonás dice, "Los que siguen a ídolos vanos [todo lo que va en contra de la Palabra de Dios] abandonan el amor de Dios" (Jonás 2:8 NVI). Esta revelación ha servido para edificar en mí una fe continuamente creciente en cuanto a la habilidad de Dios de hacer que yo gane en toda situación. "Gracias sean dadas a Dios, que nos da la victoria por medio de Jesucristo" (1 Corintios 15:57).

Capítulo 1

La travesía

La Segunda Guerra Mundial duró oficialmente seis años y un día, entre 1939-1945. Los japoneses bombardearon a Pearl Harbor el 7 de diciembre de 1941. El presidente Roosevelt declaró guerra el 8 de diciembre de 1941. Aproximadamente dieciséis millones de norteamericanos fueron a la guerra. Aproximadamente cuatrocientos mil murieron.

Yo nací en 1940 y cuando yo apenas contaba con dos años de edad, mi papá entró al ejército y fue enviado a Alemania. Fue dado de alta septiembre de 1946. Mi papá estuvo fuera por cuatro años y solo era un recuerdo leve en mi mente de seis años de edad. Yo estaba comenzando mi primer año de escuela, y por primera vez en mi vida, mi mamá, mi papá y yo estábamos viviendo como familia en la misma casa. Los efectos caóticos de una guerra mundial dejaron a millones de personas que ahora tenían que volver a reconstruir, volver a unirse, y a la vez darse cuenta que los efectos devastadores de la guerra ya no podía seguir con el poder de mantenernos también como prisioneros de guerra espirituales. Era un nuevo día para restauración—un tiempo para perdonar, olvidar, y enfrentar el futuro en fe.

Cuando yo tenía 12 años de edad, mis papás compraron una casa nueva a dos casas de la Iglesia Bautista. Mi mamá, con una sonrisa, solía decir, "Nacimos bautista, crecimos bautista, y nos moriremos bautista".

La iglesia era el centro de todas nuestras actividades sociales. El lunes por la noche nos reuníamos para orar en una casa, los martes eran noches de visitación, el miércoles era la reunión de oración congregacional, el jueves el coro ensayaba, el viernes se reunían los Embajadores del Rey para niños, el Auxiliar de Niñas, y la Unión de Preparación para los adolescentes. Los sábados había una cena de convivencia, y los domingos asistíamos a servicios por la mañana y la noche. ¡Aprendí a ir a la iglesia!

Asistí a un Campamento Bautista de Verano durante junio de 1953. Contaba con trece años y recién unas pocas semanas antes me habían bautizado en agua. Cierta tarde, todos los campistas estaban disfrutando de un tiempo de natación, y yo estaba involucrada en todo – era una mera adolescente un tanto ingenua sin un plan definido. Pero de repente me sentí desorientada y le pedí permiso a la consejera del campamento para ir a mi cabaña y acostarme. Ella contestó, "Claro que sí".

Yo estaba a solas en la cabaña y no entendía lo que me estaba pasando. Me subí a la litera superior, me recosté, y cerré mis ojos. No había ningún estímulo ni exterior ni emocional para activar lo que sucedió entonces.

Cerré mis ojos y luego me di cuenta que ya no estaba en mi litera. Abrí mis ojos y vi un lugar y un pueblo que yo nunca antes había visto. Escuché una voz que me habló, diciendo: "Te estoy preparando para que seas una libertadora para Mi pueblo". Entonces vi un gran número de caras de tez casi negra que estaban llorando y llamándome por mi nombre, diciendo, "Clarice, ¡ven y ayúdanos! ¡Ven y ayúdanos! Primero veía los rostros claramente, y luego desaparecían, pero cada cara y voz era sincera y convincente. Pregunté: —¿Quiénes son estas personas, y dónde estoy, y cómo les puedo ayudar? Simplemente soy una jovencita.

> Una Voz me habló: Te estoy preparando para que seas una libertadora de mi pueblo.

La respuesta fue, —Ésta es una visión para otra etapa de tu vida. Estás en África y los rostros que ves representan a los que serán salvos durante una de las reformas más grandes en el mundo que comenzará en África e impactará a todo el mundo. Descansa en Mí, y cuando el tiempo se acerque, enviaré por ti.

Inmediatamente me encontré de nuevo en mi litera, llorando con todas mis fuerzas. Hasta entonces, lo único que yo había escuchado acerca de África era que había bestias que devoraban a la gente, que todos los nativos andaban desnudos, y que había caníbales por todas partes. Yo había visto suficientes películas de Tarzán para conocer, según yo, todo acerca del África. También había visto la película King Kong varias veces. ¡Yo NO quería ir al África!

Cuarenta años después, en 1993, fui a Sudáfrica por primera vez. Era asombrosamente bello, las personas eran cultos, con vestimentas hermosas. No tenían nada de parecido con lo que yo había visto en las películas. Verdaderamente sentí que había llegado "a casa". Dios había colocado esta nación y sus maravillosos ciudadanos en mi corazón. Escribiré más acerca de mis aventuras africanas en un capítulo posterior.

Los eventos que tomaron lugar durante los siguientes siete años se enfocaron en la fe salvadora en Jesús, pero yo anhelaba más. Esto creó en mi descontento que me llevó a comenzar a investigar otras denominaciones. A la edad de 16, sentí hacerme metodista. Ahora, yo estoy muy segura que la atracción que provocó que dejara mi herencia bautista era que la Iglesia Metodista a la cual me uní tenía un líder de jóvenes muy, pero muy bien parecido.

A los 18, yo había madurado y mi sabiduría y gran entendimiento de los asuntos más profundos de la vida me llevaron a tomar la decisión de hacerme presbiteriana. Debo mencionar que era muy obvio para mí que la mayoría de los presbiterianos tenían mucho dinero. Yo estoy segura que todo esto era pre-destinado.

A los 19, yo estaba estudiando en la universidad. Mis enfoques principales de estudio eran oratoria y drama. Mi enfoque secundario era música. Un sacerdote episcopal me escuchó cantar y ofreció pagarme algo si cantaba en la Iglesia Episcopal. Así que en poco tiempo me convertí en episcopal en todos los sentidos, con todo y campanas y gorras.

A la edad de 20, conocí a Jorge, el amor de mi vida, quien era un católico muy devoto. Nos casamos y me convertí una vez más, ahora en católica.

En 1971, nos introdujeron a George y a mí a la renovación carismática dentro de la Iglesia Católica. Ambos recibimos el bautismo del Espíritu Santo y nuestras vidas cambiaron dramáticamente. Más adelante George llegó a ser un agente de bienes raíces muy exitoso. Su deseo era ganar millones de dólares, y mi deseo era gastarlos.

Después de muchos años de buscar el propósito y el poder de mi fe, bien pude darme cuenta que en realidad no importa cuál es tu afiliación o denominación cristiana, pero es esencial que tengas una verdadera experiencia de nuevo nacimiento con Jesucristo como tu Salvador.

EL DEDO DE DIOS

Mientras crecía de niña en un pequeño pueblo en el sur de los Estados Unidos, uno de mis sueños era que un día llegara mi "príncipe azul" y que "para siempre viviríamos felices". Yo era muy joven e impresionable, y los cuentos infantiles acerca de la Cenicienta, la Bella Durmiente, Blanca Nieves y muchos otros ayudaron para establecer en mí un sembradío de fantasías en mi mente. Nada de este príncipe misterioso tenía base en hechos; solo era mi fe de niña y los cuentos ficticios de hadas.

My historia comienza a fines del verano de 1953. Recién había terminado el sexto grado y por primera vez en mi vida yo era una auténtica adolescente. Me estaba preparando para entrar a la escuela de segunda enseñanza, y en esa época, tanto los estudiantes de nivel secundaria así como de nivel preparatoria compartían el mismo plantel educativo. Yo estaba tan emocionada y mis pensamientos de estar entre estudiantes mayores de preparatoria estaban llenos de anticipación e incertidumbre nervioso. Yo sólo tenía 13 años y estaba abrazando la vida con todo mi ser.

Otro suceso causó que el verano fuera todavía más emocionante: mis papás compraron casa nueva en una colonia con vecinos nuevos que me eran totalmente desconocidos. Era mi oportunidad para descubrir. ¿Encontraría a otros muchachos de mi misma edad en circunstancias similares? Como yo era hija única, no tenía hermanos que me pudieran instruir en cuanto a cómo decorar mi recámara nueva de manera juvenil, o que me ayudaran en este camino hacia la edad adulta que estaba a punto de empezar. Todo era demasiado nuevo para mí.

Afortunadamente, la familia que vivía al lado tenía tres hijas, y pronto nos hicimos amigas. Una de las hijas se llamaba Carolyn y me sentí muy atraída a su confianza y desenvoltura. Ella tenía dieciocho años, tenía su propio auto, y era muy hermosa. Con su pelo largo, grueso y ondulado, su sonrisa brillante, su tez perfecta, y buen cuerpo, ella era la imagen de una princesa de cuento de hadas quien cualquier príncipe desearía encontrar. Lo único que Carolyn y yo teníamos en común era nuestro pelo largo—hasta que mi mamá decidió que me hiciera la permanente para ondularlo. Es una historia triste porque mi pelo largo terminó muy quemado. Tuvieron que cortarlo dejándolo tan corto y rizado, que me sentía como un perro caniche ('french"). La poca autoconfianza que tenía desapareció. Pero a Carolyn no le preocupó nada mi desilusión. Sabiamente me enseñó a usar adornos y flores en mi pelo para mejorar mi peinado poco atractivo, y también me animó diciéndome que todavía me veía linda.

Carolyn también se convirtió en mi asesora en cuanto a cómo comportarme en la escuela, cómo vestirme, cómo decorar mi recámara y cómo ser popular entre mis contemporáneos. A cambio del "privilegio" de estar en su presencia, ella me hizo su asistente. A mí me encantaba aprender acerca de su vida emocionante, y trabajaba arduamente para seguir sus consejos y conocimientos.

Ella, por otro lado, disfrutaba del hecho que yo le hacía sus encomiendas y trabajos pendientes. Teníamos un arreglo mutuo muy bueno. Yo era muy buen estudiante, y nuestra amistad creció mientras yo vivía mis sueños a través de las historias emocionantes de Carolyn.

Mi di cuenta que Caroln tenía un anillo grande y masculino colgado de su cuello con una cadena de plata. Yo no sabía por qué, así que le pregunté. Ella se rió y me explicó que el anillo era un aviso para otros de que ella estaba saliendo formalmente con un chico y que eran novios. Guau, ¡qué buena idea! Yo me preguntaba cómo podría yo retener toda esta información que era tan importante.

Carolyn decoró su recámara con muchos recuerdos de la escuela. Su punto de enfoque era una tablilla de corcho para anuncios en una pared, donde ella había colocado las fotos de muchos muchachos. Mientras yo estudiaba las fotos, me preguntaba si uno de ellos era su príncipe azul.

Lo que yo sí sabía a ciencia cierta era que yo no tenía príncipe azul, así que me llené de valor y le pedí a Carolyn que me regalara la foto de uno de los muchachos que ella tenía. Ella me preguntó cuál quería. Con mucho cuidado escogí la foto de un joven de muy buen parecer que cargaba un rifle de cacería y una mochila. Ella estuvo de acuerdo con dármela. Me dijo que su nombre era Marbury y que vivía en Denver, Colorado. Marbury había sido su primer novio algunos años atrás, pero él se había trasladado a Colorado. Le había mandado esa foto a Carolyn, pero desde entonces ella ya no había recibido más noticias. Con gran placer, me llevé a Marbury a casa, confeccioné una pequeña tablilla de anuncios como la de Carolyn, y allí coloqué la fotografía. Escondí la tabla en mi closet, y jugaba a que Marbury era mi amor secreto y que algún día yo me casaría con él.

Luego me fui a un almacén donde vendían cosas muy baratas, y me compré un anillo, pero no sabía dónde conseguir una cadena. Mi mamá tenía una cadena en el tapón de la tina del baño, así que le quité la cadena, le puse el añillo y lo colgué de mi cuello. Me sentía tan orgullosa, hasta que me di cuenta que la cadena barata estaba causando que mi cuello se pusiera verde. No obstante, yo tenía a mi propio príncipe. Yo estaba aprendiendo a ser una chica mayor en forma y estaba imitando a Carolyn según mi entendimiento. Cuando iba a la escuela, las demás chicas me preguntaban de quién era el anillo que tenía. Yo les decía que era de un joven llamado Marbury, que era mi novio que vivía en Colorado, y que algún día nos íbamos a casar. Por dos años porté el anillo y repetía la misma historia.

Yo había aprendido que todos tenemos que soñar sueños, pero también tenemos que tener cuidado de lo que escuchamos y a quiénes escuchamos, porque las palabras y los pensamientos darán forma a nuestros sueños. Las palabras y los pensamientos son poderosos. Cuando me hice cristiana y asistía a la Escuela Dominical, aprendí que si yo verdaderamente creía, entonces algún día vendría un gran Rey en gran caballo blanco y me llevaría a Su Reino perfecto donde yo sería eternamente feliz. ¡Era cierto que algún día llegaría mi príncipe! Ese sueño quedó clavado en mi ser consciente y subconsciente. Mientras portaba ese anillo, cada día viví la esperanza de que algún día mi príncipe llegaría. Era una señal reconfortante para mis emociones adolescentes.

Las Escrituras nos dicen que los sueños son importantes. Salomón, el rey más sabio, en una ocasión dijo, "Donde no hay visión, el pueblo perece" (Proverbios 29:18-paráfrasis). De hecho, cuando no hay una visión progresiva, la gente se descuida.

Eleanor Roosevelt lo dijo de esta manera; "El futuro le pertenece a quienes creen en la belleza de sus sueños y visiones".

El apóstol Pablo nos instruye a llamar a las cosas que no existen como si fueran (Romanos 4:17).

> Los sueños son importantes: "Donde no hay visión, el pueblo perece".
> Proverbios 29:18

Aunque no me había tocado conocer a Madbury, él se había hecho real para mí a través de mi fe. Eventualmente me di cuenta que solo había disfrutado de una fantasía de infancia. El tiempo había llegado para seguir adelante con mi vida y empezar un capítulo nuevo con un sueño fresco. Ahora me daba cuenta que Marbury sólo había sido un figmento de la imaginación hiperactiva de una adolescente.

Me inscribí en la universidad local después de graduarme de la preparatoria, y allí conocí y eventualmente me comprometí con un joven muy fino llamado George. Era diciembre de 1959 y nuestro club de oratoria estaba ofreciendo una fiesta de Navidad. Yo era la presidenta de la clase, así que tenía que asistir. Mi prometido no podía acompañarme, porque él era líder de una banda que estaba tocando en otra parte. De repente, llegó a la fiesta un extraño alto y muy bien parecido, que caminaba con gran confianza y seguridad. Los ojos de todas las chicas presentes lo seguían con sus miradas mientras él pasaba.

La chica sentada a mi lado me comentó: "Ése es el alumno nuevo. ¿No te parece guapísimo? Le voy a pedir que baile conmigo". Con esas palabras, ella flotó hacia el extraño y comenzaron a bailar juntos. Pero ella no podía bailar tan bien como él. Él se detuvo abruptamente y comenzó a darle lecciones, comenzando con un paso básico y elemental. ¡Qué vergüenza! Sorprendida y descontrolada por su audacia, comencé a criticarlo delante de mis amistades. Insistí que, "yo no bailaría con él aunque fuera el último hombre sobre la faz de la tierra".

Cuando terminó de bailar con la otra chica, se detuvo y empezó a observar todo el salón. Luego miró justo en mi dirección. Y luego, como si yo fuera un imán místico, se acercó a mi mesa y me invitó a bailar con él. Yo estaba totalmente sorprendida, y antes de me diera cuenta, mi voz tímidamente contestó "sí". Él no dijo ni una sola palabra durante el baile. Hizo todos los movimientos esperados durante el baile, sin perder un paso. Yo para entonces había decidido que si él de alguna manera comenzaba a bailar sobre la pared, yo le iba a seguir. Él NO me iba a dar lecciones. Al concluir el baile, me vi en una posición comprometedora en el centro del salón. La música se había parado, y todos estaban mirándonos, pero George me miraba, inclinado hacia mí, con mi espalda doblada a tal grado que mi cabeza casi tocaba el suelo. —¿Cómo te llamas? —me preguntó.

Todavía tímida, le contesté en voz baja: —Clarice Brown.

—Clarice Brown, —me dijo—, mi nombre es George y algún día me voy a casar contigo.

Yo no estaba lista para tal proclamación, e incómodamente insistí: —Ya suéltame. Estoy comprometida para casarme con otro George en junio.

Él me enderezó, me giró, y se fue sonriendo. Regresé rápidamente a la seguridad de mis amigas. "Creo que está loco", les comenté. Pero el poder de sus palabras estaban dando vueltas en mi cabeza y de verdad era muy, muy guapo.

La siguiente noche a las 7:00 p.m. sonó el teléfono en mi casa. Era él. "Hola. Habla George. Solo llamé para decirte que yo te amo y algún día me voy a casar contigo". Le dije a mi mamá que este hombre estaba loco y que seguramente era alguna clase de acosador. Eso fue en diciembre. Él llamó cada noche por varios meses y cada vez era el mismo mensaje. Sin embargo, cada noche, allí me encontraba justo a las 7:00 p.m., ansiosamente esperando para contestar su llamada loca.

En marzo surgió una situación interesante cuando mi profesor de drama, el Dr. Brian, me asignó un papel en una obra de un acto, que era un requisito para terminar la clase. La obra se tenía que presentar espontáneamente, sin ensayar anteriormente, en cierto restaurante lujoso. La obra solo tenía dos actores, un hombre y una mujer. Eso era lo único que yo sabía. Llegué al restaurante, y para mi sorpresa, me enteré de que George #2 tenía el otro papel. El título de la obra era "El dedo de Dios". La obra salió muy bien, pero yo me estaba empezando a preguntar en qué dirección iba esta relación tan poco usual. ¿Qué era lo que yo sentía cuando estaba con él, y qué sentía cuando no lo estaba? Sentimientos que yo no quería explorar estaban comenzando a surgir hacia este hombre.

Más adelante, cierta tarde en abril, yo estaba en la universidad y tuve una desacuerdo muy fuerte con mi prometido, George #1. Yo estaba tan frustrada con su actitud condescendiente que enojadamente me fui. Al mirar hacia arriba, la primera persona que vi fue a este acosador persistente y bien parecido, George #2, sentado en una banca. Lo miré y valientemente, posiblemente aun un tanto desafiante, le pregunté si le gustaría ir al cine. Sorprendido me dijo que sí y salimos esa noche.

Quedé sorprendida con George #2. Era amable, considerado, un caballero perfecto y muy interesante. "Cuéntame de ti", le dije.

—Pues bien, —contestó— Nací a unos 50 kilómetros de aquí en Colombia, Louisiana. Mi papá es contador para una empresa y viajamos por todo el mundo. Recién me transferí de la Universidad de Denver y regresé a Monroe para ayudar a cuidar a mi abuelita. Mi nombre completo es George Marbury Fluitt.

Yo estaba pasmada y atónita. —¿Marbury? —le pregunté.

—Sí, —me contestó. Es un nombre de nuestra familia.

¿Marbury? Mi mente daba vueltas mientras repetía silenciosamente una y otra vez su nombre. Me preguntaba cuál sería la posibilidad de que él fuera el mismo Marbury que mi fotografía. Luego, sin poderme aguantar el suspenso, le pregunté si alguna vez había conocido a una chica llamada Carolyn.

—Carolyn fue mi primera novia cuando yo estaba en el noveno grado y estaba viviendo en Monroe, —me contestó—. Cuando mi familia se trasladó a Denver le envié mi foto pero luego ya no nos mantuvimos en contacto. Totalmente asombrada, le comencé a contar la historia acerca de su fotografía y de cómo yo había estado enamorada de él desde que tenía trece años. Le conté cómo fielmente le había dicho a todos que algún día me iba a casar con Marbury. Llenos de lágrimas, nos abrazamos y allí mismo, ¡él me pidió que me casara con él! Nos casamos el 26 de diciembre de 1960, y hemos estado juntos desde entonces.

¡Cuán asombroso es el dedo de Dios! De hecho, mi príncipe sí me llegó. Aun después de más de 50 años de matrimonio y cinco hijos, mi príncipe todavía le dice orgullosamente a cualquiera que le escuche, "Ésta es mi novia que el Señor me envió". Él sigue siendo mi defensor y animador número uno.

Tardaron siete años para que el sueño se cumpliera.

Amado, préndete de tus sueños – no los sueltes. Hay cosas por las cuales tú has creído, pero posiblemente ya te has cansado y has perdido la esperanza. Créele a Dios; confiesa Su Palabra porque con Dios todas las cosas son posibles. Cree por tu matrimonio, tus hijos, tu salud y tu prosperidad, porque las promesas de Dios son sí y amén. La fe viene de oír de la bondad de Dios.

> Aunque la visión tardará aún por un tiempo, mas se apresura hacia el fin, y no mentirá; aunque tardare, espéralo, porque sin duda vendrá, no tardará.

> *-Habacuc 2:3 (RVR60)*

Capítulo 2

Necesito conocer al Dios que hace milagros

Esta historia asombrosa fue precursora de los milagros extraordinarios que Dios nos ha permitido experimentar.

El grito estremecedor de una niñita con terrible dolor alertó a toda la casa. Nuestra familia estaba visitando en la casa de mis padres. Nuestras tres hijas pequeñas estaban felices, jugando en el pasillo. Mi mamá y papá, mi esposo George y yo inmediatamente corrimos hacia los gritos agonizantes, y encontramos a nuestra hijita de tres años, Cathy, en el piso del ropero del pasillo, cubierta en sangre. Nuestras dos hijas mayores, Debra y Becky, estaban gritando, "¡Nosotras no lo hicimos! ¡Nosotras no lo hicimos!

George levantó a Cathy y se dio cuenta que la sangre venía de su mano. Tomé una toalla mojada y envolví su dedo. Cathy había atorado su mano en la bisagra de la puerta del closet, y su dedo meñique se había amputado hasta la altura de la primera articulación. George, tratando de mantenerse calmado, dijo, "Llamen al hospital". Llamé a nuestro médico, pidiendo que él nos encontrara allí, porque yo sabía que no habría médico de guardia en la sala de urgencias del hospital a esa hora de la noche.

George estaba en el carro, con Cathy en sus brazos, tratando de consolarla en medio de su agonía. Él estaba llorando y comenzó a orar, "Oh Dios, por favor, quítale el dolor. Haré cualquier cosa. ¡Te serviré por toda la vida!". Inmediatamente, Cathy dejó de llorar y dijo, "Papi, ¿tienes goma de mascar?"

Corrí al auto sin saber qué esperar. Allí estaba nuestra pequeña Cathy, levantando su mano envuelta en una toalla empapada de sangre. Ella tenía una sonrisa grande y dulce en su rostro. "Hola, Mami. ¡Ya no me duele!" Yo estaba asombrada. Lágrimas corrían por el rostro de George. Él me contó que había orado y había prometido a Dios que él le serviría si tan solo le quitaba el dolor a Cathy. Me miró y me dijo, "Tú también tienes que darle tu vida a Dios, y le serviremos juntos".

Yo me había criado bautista, me convertí en metodista, luego presbiteriana, luego espiscopal, y finalmente me casé con un católico y me había hecho más católica que el mismo Papa. En esta etapa inmadura de mi vida, yo estaba convencida de que no había poder sobrenatural en ninguna iglesia, y que hacerse miembro de una iglesia era parecido a unirte a una organización cívica que requería tu cuota anual y tu fiel asistencia. De niña, yo había tenido un encuentro asombroso con Cristo, pero con el paso del tiempo, la religión me había dejado confundida y aun un tanto cínica.

Desde lo más profundo de mi alma contesté, "Estoy tan contenta de que Cathy ya no está llorando ni tiene dolor, pero yo necesito más que eso. Necesito conocer al Dios que hace milagros, levanta a los muertos, y abre ojos ciegos. ¡Entonces me comprometo con esa clase de Dios!"

> Desde lo más profundo de mi alma contesté, "Necesito conocer al Dios que hace milagros, levanta a los muertos, y abre ojos ciegs. ¡Entonces me comprometo con esa clase de Dios!'

George estaba manejando lo más rápido posible hacia al hospital. Yo tenía cargada a Cathy, y ella estaba masticando chicle. George me preguntó, —¿Le estás pidiendo a Dios un milagro?

—¡Sí! —fue mi respuesta inmediata— Necesito que Dios haga crecer hueso nuevo, uña nueva, y un dedo entero.

Mi respuesta dejó a George asombrado.

Llegamos al hospital y al misma tiempo que entramos a la sala de urgencias, estaba llegando otra pareja con un niño de la misma edad que Cathy. Estaba gritando inconsolablemente. Cathy todavía estaba sonriente, masticando chicle y manteniendo su mano en alto, todavía envuelta en la toalla empapada de sangre. El niñito también accidentalmente había amputado su dedo meñique en la bisagra de la puerta del ropero – eran circunstancias idénticas. Mientras esperábamos al médico, estábamos maravillados ante lo que nuestra hijita estaba experimentado, con el mismo dedo amputado, la misma clase de accidente, el mismo hospital, pero sin la misma reacción.

El médico llegó y cuidadosamente desenvolvió la mano de Cathy para evaluar su condición. Después de observar su mano, preguntó, "¿Dónde está el dedo?" No se nos había ocurrido llevar el dedo amputado al hospital. Le hablé por teléfono a mi papá. —Papi, el Dr. necesita el dedo de Cathy.

Mi papá contestó: —Oh, mi amor, lo sacamos de la bisagra de la puerta y lo echamos a la basura. Está cubierto de granos de café y hojas de col.

Le contesté: —¡Sácalo ahora mismo y ponlo en una taza de hielo y tráelo a la sala de emergencia inmediatamente! —Él accedió, y mientras esperábamos, el niñito en el otro cuarto seguía gritando.

Mi papá entró corriendo a la sala de emergencia con un contenedor de margarina lleno de hielo y el trocito mutilado de lo que antes había sido un dedo hermoso y perfectamente formado.

El médico cuidadosamente examinó el dedo dañado y el pedacito de dedo mutilado. De alguna manera, Cathy había atorado su dedo en la bisagra de la puerta e instintivamente lo había jalado para sacarla. Había amputado el hueso y separado la punta de su dedo y la uña del hueso.

El médico dijo que el dedo había quedado desconectado por demasiado tiempo y que sería demasiado doloroso tratar de volver a conectarlo. Dijo, —Le voy a poner una venda, permitir que sane, y luego más adelante, puede pedirle a un cirujano plástico que le dé nueva forma al dedo; pero nunca va a volver a tener una uña allí.

No puedo explicar lo que se apoderó mí. Por lo general me someto y soy razonable, pero en esta ocasión, sin poder entender, le respondí al Dr. , —¡Quiero que usted le vuelva a colocar ese dedo a mi nena!

Él trató de razonar conmigo, explicando que porque el dedo estaba mutilado, no sería una decisión médica sabia. Lo único que yo podía decir era, —Soy su mamá, y yo quiero que se lo vuelva a poner.

Finalmente, él me dijo, —Intentaré reconectar el dedo pero creo que tu hijita está en shock y no administraré drogas mientras que trato de juntar otra vez el dedo.

Cathy se mantuvo pacífica, acostada en la mesa quirúrgica dura. El medio ambiente desconocido y las luces brillantes, junto con todo el drama de la noche traían consigo otro desafío doloroso, pero yo sabía en mi corazón que se estaba haciendo lo correcto. Suavemente acaricié su carita tan dulce y confiada y le dije que el Dr. le iba a arreglar su dedo. Le dije, —Cathy, es muy importante que estés muy quieta y muy calladita.

Ella alzó sus ojos y miró a su papá y le dijo, —Papi, qué bonitos ojos tienes, —y luego se quedó dormida. Nunca se movió mientras que el médico realizó la cirugía tan desafiante. Luego envolvió cuidadosamente el dedo y me dijo que había mucha posibilidad de que surgiera gangrena y que en realidad él no tenía fe alguna de que el dedo sanara.

Había sido una noche muy larga y estresante, pero mi nena tenía todos sus dedos. Tres días después volvimos con el Dr. para examinar el progreso. Cuando desenvolvió el dedo, exclamó, "Dios mío, está negro. No está fluyendo adecuadamente la sangre allí. Tenemos que quitar la carne muerta para que el dedo se pueda sanar." Yo estaba muy indignada y rehusé que lo hiciera. Él me despidió y me dijo que él estaba abandonando el caso y que no era responsable de lo que pudiera suceder.

Llevé a Cathy a casa y le hablé por teléfono a todas las personas que yo creía que podían hacer una oración para pedirle a Dios un milagro para el dedo de Cathy. Yo hacía todo en base a lo que yo conocía en ese entonces. Cuidar a Cathy me consumía. Fijé su manita a su pecho para que no hubiera manera de que ella la pudiera golpear o sacudir. Cargaba a mi hija dondequiera que iba.

Después de otra semana, el dedo estaba negro y seco. George regresó del trabajo y me dijo, "Te has enfocado demasiado en Cathy y ambas necesitan un descanso la una de la otra. He llamado a mi mamá y ella va a venir a cuidar a las niñas. Te voy a llevar a cenar". Resistí, pero sin éxito.

Mi suegra, Allie, llegó muy confiada de que ella era más que capaz de cuidar expertamente a Cathy, Debra, y Becky. Le repetí todas las instrucciones para estar totalmente segura de que Cathy no se fuera a caer o golpeara su mano. Allie me aseguró que ella sabía qué hacer y que yo necesitaba confiar en su juicio y experiencia.

> Cathy levantó ambas manos con cinco dedos enteros en cada mano, y dijo, "Mira, Abuelita. Tengo un dedo nuevo".

George y yo nos fuimos a cenar, y durante ese tiempo, Allie alimentó y preparó a las niñas para la cama. Entonces Allie decidió bañar a Cathy. Cuidadosamente ató la mano de Cathy a una toallera para que no se mojara. Tomó el rociador de la regadera y, mientras que Cathy estaba parada en la tina, la bañó con mucho cuidado. Luego sonó el teléfono. Allie le dijo a Cathy, de tres años, "Tu abuelita va a contestar el teléfono y regreso en seguida". De alguna manera, Cathy soltó su mano de la toallera y se sentó en la tina con agua, con todo y vendaje.

Cuando Allie regresó, Cathy estaba salpicando el agua y la venda estaba flotando en el agua. Allie sacó la venda y adentro de la misma estaba el dedo de Cathy. Allie exclamó, —Oh, Cathy, ¡tu dedito se cayó y cuando venga tu mamá me va a matar!

Cathy se enderezó, levantó ambas manos con cinco dedos enteros en cada mano, y dijo, —Mira, Abuelita. Tengo un dedo nuevo.

Dios nos había dado nuestro milagro. Cathy tenía un nuevo dedo totalmente funcional, con un hueso nuevo y una uña nueva.

No te puedes imaginar mi gran gozo, asombro y entendimiento cuando esto ocurrió. Yo había dicho que si había un Dios que podía y haría señales y milagros, entonces yo rendiría mi vida, mis dones, y talentos, y le serviría entonces y para siempre. Así lo hice, así lo he hecho, y así lo haré.

Todo esto ocurrió dos años antes de que George y yo recibiéramos la experiencia transformadora del bautismo en el Espíritu Santo. Desde 1971, hemos estado en ministerio de tiempo completo. Cathy llegó a ser una enfermera titulada my capaz y ungida. Dios sigue usándola a diario, y ella ayudando y sanando a toda persona con quien se encuentra. Ella es pronta en mostrar su dedo milagroso y compartir su historia asombrosa. Cathy y su esposo Roger tienen dos hijas hermosas.

Con Dios, todo es posible.

Capítulo 3

El bautismo del Espíritu Santo

"Recibirán poder cuando el Espíritu Santo descienda
sobre ustedes" *(Hechos 1:8 NTV)*

Todo en nuestra vida cambió drásticamente después de que recibimos el poderoso bautismo del Espíritu Santo. El tiempo no me permite contar toda la historia, pero mi deseo es dar un recuento auténtico y transparente de mi caminar asombroso lleno de señales, maravillas y milagros. Mi intención es animar y exhortarte personalmente a creer y activar dimensiones sobrenaturales de actividad divina con el Espíritu Santo. Puedes llegar a ser una extensión del amor, el poder, y las palabras de Dios. Como creyentes, a todos se nos ha llamado a ser embajadores reales de Jesucristo en esta tierra y por toda la eternidad.

Al compartir la esencia de mis historia, te pido que recuerdes que cubre la mayor parte de mi vida. Estoy siguiendo patrones bíblicos mientras escribo, y aprenderás acerca de los desafíos, las victorias, la asombrosa gracia y la misericordia de nuestro Padre Celestial.

Algunos meses antes de que recibiéramos el bautismo del Espíritu Santo, comencé a escuchar música. Yo estaba segura de que era un radio o un juguete musical de una de nuestras hijas. Nuestra casa era de dos pisos y seis recámaras. Recién había dado a luz a mi quinto bebé, un niñita preciosa llamada Julianna Marie, a quien simplemente le decíamos Julie. Lograr que todos mis hijitos estuvieran listos y dispuestos para la cama era un gran logro en sí. Cuando mi día finalmente terminaba para que pudiera acostarme, yo ya sabía qué era lo que me esperaba. Cada dos horas yo tendría que levantarme y cambiar a mi bebita, alimentar y mecerla, hacerla eructar, y luego orar que permaneciera dormida por otras dos horas. Esta rutina era la misma siete días y siete noches a la semana por varios meses. Dios bendiga a los papás jóvenes.

Yo estaba tan cansada cuando por fin me acostaba y luego empezaba a escuchar la música más hermosa. Se escuchaba cerca, luego lejos, pero cómo me bendecía y refrescaba. Yo estaba demasiado cansada para investigar su origen, así que simplemente la disfrutaba. Esto sucedía cada noche desde enero hasta julio de 1971.

El 13 de julio de 1971, en Ruston, Louisiana, llegaron al Holiday Inn el pastor bautista Dave Fisher y el sacerdote franciscano Duane Stanzel. El pastor Dave, además de tocar guitarra, tenía gran personalidad y era bien parecido y entusiasta. El padre Duane Stanzel, por su parte, era un sacerdote muy propio en todos los sentidos. Ambos estaban cumpliendo una asignación apostólica de ministrar juntos en cuanto a la Renovación Católica Carismática. El papa Juan XXIII había orado por un nuevo Pentecostés y estos dos hombres tan diferentes el uno del otro habían sido escogidos para viajar juntos y enseñar acerca del bautismo en el Espíritu Santo con la evidencia de hablar en una lengua desconocida. George y yo asistimos a la reunión por pura curiosidad. Aunque yo había sido bautista, metodista, presbiteriana, episcopal y católica, ninguna de estas experiencias me habían equipado para lo que yo estaba a punto de ver y escuchar.

George era católico de nacimiento y solo fue a la reunión para investigar por qué un sacerdote católico verdadero, de la única Iglesia Católica Romana verdadera, ¡siquiera se atrevía a ministrar junto con un bautista! Hoy en día tenemos una perspectiva mucho mejor, alabado sea de Dios.

Esa noche fue asombrosa. Tengo algunas grabaciones en CD que cuentan la historia en detalle. Te prometo que al escucharlas, te reirás, llorarás, gritarás y luego te reirás todavía más.

Después de la reunión, el sacerdote rápidamente se acercó con George y le dijo, "Dave y yo debemos ir a tu casa contigo". Esta idea no me entusiasmó, pero deben saber que en esa etapa de la vida de George, cualquier cosa que le decía un sacerdote católico él tomaba por hecho que lo había escuchado de Dios.

Muchas cosas ocurrieron en esos casi 50 kilómetros camino a casa que no solo cambiaron nuestras vidas para siempre, sino a las miles de personas que llegarían a conocer a Dios gracias a esta reunión ecuménica divina.

Este dúo dinámico, el Padre Duane Stanzel y Dave Fisher, llegó a nuestra casa. Eran las dos de la mañana. Rápidamente preparé sus habitaciones mientras que a la vez atendía a nuestros hijos curiosos que estaban despiertos y querían saber quién estaba en nuestra casa. No puedo explicar cómo la atmósfera en la casa cambió. Todos teníamos el sentir de gran expectación.

Al subir las escaleras estos dos hombres santos, el Padre Stanzel se detuvo, sonrió, y me dijo, —Clarice, ¿alguna vez has escuchado la Escritura de que el Señor tu Dios está en medio de ti y que se regocijará de ti con canto?

—No, —respondí.

Él contestó: —Los ángeles de Dios se han estado regocijando sobre ti y tu familia con gran gozo. El Padre le ha revelado a los ángeles Sus planes para tu vida. ¿Has estado escuchando sonidos angelicales últimamente?

Yo estaba asombrada. Nadie sabía acerca de la música que había estado escuchando salvo George y yo. Esta era una gran confirmación del plan soberano de Dios que se estaba comenzando a dar en nuestras vidas. En voz tranquila le contesté, —Sí, señor. Que tenga dulces sueños.

Mi cabeza estaba dando vueltas con un millón de preguntas. Estaba demasiado emocionada como para dormirme. Me levanté temprano para preparar el desayuno. Entró a la cocina el Padre Stanzel y me dijo suavemente, —Amada, Dave y yo no vamos a comer nada hoy. Permaneceremos en nuestras habitaciones ayunando y orando para la reunión esta noche.

Entonces contesté, —Oh, yo no sabía que iba a haber una reunión esta noche.

Él entonces sonrió y contestó: —La reunión va a ser aquí mismo, a las 7:00 p.m. —Con eso, salió y se fue para su recámara.

Le pregunté a George, —¿Sabías algo acerca de una reunión aquí en nuestra casa esta noche? —Me miró atónito y me contestó: —Yo no sabía nada acerca de una reunión.

Al atardecer, George comenzó a consternarse, preocupado de que nadie llegaría a la reunión. Él salió por nuestras calles circunvecinas y tocaba en las puertas invitando a todos a venir a conocer al pastor bautista y al sacerdote católico a las 7:00 p.m. Yo preparé un refrigerio y comenzamos la espera. Habíamos hecho todo lo que sabíamos hacer.

A las 6:45 escuché a nuestros huéspedes bajar por las escaleras. El Padre Stanzel decía una y otra vez, "¡No es esto maravilloso!" Al entrar a nuestra sala de estar, Dave tomó su guitarra y empezó a tocar cantos de alabanza. Asombrosamente, a las 7:00 p.m., nuestra casa estaba llena con vecinos quienes nunca antes habíamos conocido. El poder de Dios se manifestó de una manera maravillosa. Las personas fueron sanadas, liberadas, y llenas del Espíritu. Estaban hablando en lenguas profetizando. ¡Fue una fiesta del Espíritu Santo de celebración y revelación!

El sacerdote y el predicador partieron al siguiente día y nos dijeron que ahora nosotros éramos los padres de esta comunidad recién nacida. Yo inmediatamente supe lo que significaba cuidar a un bebé recién nacido. Dios equipó, y más de 10,00 personas entraron a nuestra casa durante los siguientes tres años, recibiendo salvación,

> Milagros increíbles ocurrían cada día. Llovió agua sobre nosotros dentro de nuestra casa. Aceite de unción se formaba y se derramaba por nuestras puertas. Palomas blancas hermosas formaban sus nidos en nuestro techo.

bautismo del Espíritu Santo, liberación, y grandes sanidades,

Las personas en nuestra comunidad de oración estaban creciendo en sabiduría y conocimiento. Estaban siendo equipados para gobernar y reinar en el Reino de Dios.

La reunión inicial con el Padre Duane y Dave Fisher produjo la renovación Carismática en el Noreste de Louisana y dio a luz la Comunidad de Oración Ark of the Covenant (El Arca del Pacto), la cual llevó al establecimiento de la Iglesia The Lord's Chapel (La Capilla del Señor), que llevó a la fundación del Eagles Nest World Prayer and Training Center, (Centro Mundial de Oración y Entrenamiento Eagles Nest) y más.

Milagros increíbles ocurrían cada día. En varias ocasiones oramos, y llovió agua sobre nosotros dentro de nuestra casa de dos pisos. Aceite de unción se formaba y se derramaba por nuestras puertas. Palomas blancas hermosas formaban sus nidos en nuestro techo. Monjas, sacerdotes, gobernadores, drogadictos, estudiantes, prostitutas, predicadores, y personas de cada raza y credo daban con nuestra casa de alguna manera. Dios siempre manifestaba Su poder y amor.

¿Cómo podía haber algo mejor? Tal como dice la Biblia, "Mirad cuán bueno y cuán delicioso es habitar los hermanos juntos en armonía!" (Salmo 133:1).

Al otro lado de la calle donde vivíamos había una Sinagoga Judía muy grande. El Rabí comenzó a interesarse tanto de lo que estaba ocurriendo en nuestro hogar, que vino a visitar a George. Pasaron tiempo conversando y orando. El poder de Dios convenció al Rabí que Jesús es el verdadero Mesías y él, también, nació de nuevo, como creyente en Cristo.

Capítulo 4

Llena, transformada, y totalmente sana

LA HISTORIA DE KATHRYN KUHLMAN

De niña, me diagnosticaron con tuberculosis, asma, y alergias severas de la piel. Mi cuerpo ardía y sufría de comezón a la vez que aparecían grandes, feas ronchas blancas que daban la impresión de que me había quemado o que me habían golpeado. Duraban estas ronchas por horas. Era doloroso y humillante. La tuberculosis entró en remisión cuando cumplí 12 años, pero el asma y las alergias me recordaban constantemente de las cosas que yo no podía hacer. Me ajusté a estas limitaciones con medicinas y cuidadosamente evitaba las cosas que pudieran provocar un ataque de asma o las alergias.

Aunque yo era cristiana, pero nunca me habían enseñado que la sanidad era parte de mi salvación. Mis problemas desafiantes de salud me siguieron aun después de que me casara y tuviera mis hijos. Mi esposo era muy amable y comprensivo. Me ayudaba con mis inyecciones y se cercioraba de que yo recibiera los cuidados médicos necesarios, pero la enfermedad reinaba en nuestras vidas y me hice adicta de un spray esteroide nasal. Mis fosas nasales padecían de hemorragias muy dolorosas e impredecibles. Tenía sangrados prolíficos de nariz tres o cuatros veces al día.

Después de recibir el bautismo del Espíritu Santo, comencé a escuchar acerca de la sanidad. Me enteré de que había una dama llamada Kathryn Kuhlman que oraba por los enfermos y se sanaban. Mientras leía una publicación cristiana, me enteré de que Ms. Kuhlman iba a estar en Dallas, Texas, el siguiente mes. No puedo explicar la esperanza, la fe, el deseo y muchas otras emociones y devociones que causaran que yo supiera, a ciencia cierta, que yo necesitaba ir a Dallas y estar en esas reuniones.

Cuando George llegó a casa, le mostré el artículo y le pedí que me llevara a las reuniones. Era amable y conocía muy bien el sufrimiento intenso que yo podía sufrir sin ningún aviso. Me dijo, "Mi amor, tú sabes que hay muchos ministros falsos en el mundo y yo ni siquiera sé si Dios usa a las mujeres como instrumentos para la sanidad, pero si esto realmente es importante para ti, iremos y veremos qué es lo que está pasando". Llegamos a Dallas y nos dirigimos al Statler Hilton, listos para asistir a una reunión de iglesia tradicional. Eso no ocurrió; de hecho no fue posible encontrar la tradición en ninguna parte de esa reunión.

Un evento de Kathryn Kuhlman no tenía nada de parecido a algo que yo hubiera experimentado o visto antes. La crianza católica tradicional de George tampoco abría pauta para lo que estábamos a punto de experimentar.

Había más de tres mil personas esperando entrar al auditorio. George y yo estábamos parados juntos. Entre más él veía, menos le agradaba lo que veía. Reconocí sus suspiros solemnes y su postura inquieta. En un intento de ser agradable, sonrió y dijo, "Bueno, sea lo que sea lo que esta mujer hace, sí que sabe cómo atraer a una multitud". De repente, las puertas abrieron y había total descontrol; las personas se empujaban, codeaban, y gritaban. George y yo nos separamos en medio de la multitud y ya no lo podía encontrar. Los ujieres frustrados desesperadamente trataban de dirigir a todos a encontrar asientos.

Yo no tenía manera de contactarme con George, así que tomé un asiento, creyendo que nos encontraríamos más tarde. Hasta el momento, las cosas no se estaban desarrollando de acuerdo a mis esperanzas. Miré por todos lados y me di cuenta que muchos en el auditorio habían traído canastas con alimentos, bebidas, y juguetes para los niños. En ese momento me di cuenta que íbamos a estar allí por largo rato.

Un hombre joven de nombre Dino Kartsonakis comenzó a tocar el piano, y de repente hubo un santo silencio entre todos los presentes. La congregación comenzó a levantar las manos, cantar, y adorar al Señor. Dino tenía una unción divina para atraer la presencia del Señor a la sala. Luego, el señor Jimmy McDonald, un vocalista afro-americano, deleitó y llenó al auditorio con su hermosa voz barítono. Jamás olvidaré la manera tan apasionada con que cantó "Él cuida de las aves". La reunión ya se estaban haciendo muy agradable e inspiradora.

Luego, precedida por tamborazas dramáticas y luces

intermitentes, escuché una voz rasposa, profunda, y muy dramática decir, "¿Han estado esperando demasiado tiempo?"

Una pelirroja delgada vestida con un vestido largo de seda blanca y mangas esponjadas, con brazaletes colgando de sus manos, salió al escenario y comenzó a predicar, profetizar, exhortar, cantar, dar vueltos, y luego de repente, anunciar con gran pasión, "Alguien está siendo sanado de cáncer. Es un hombre llamado Tom. Tom. Tom Johnston. Es su hígado. ¿Dónde estás, Tom?" Así fue el comienzo.

> Ella se movía como si fuera controlada por algún sistema remoto divino. El poder de Dios siempre fluía a través de Kathryn Kuhlman.

Ella se movía como si fuera controlada por algún sistema remoto divino. Se detenía y luego volvía a empezar, se reía y lloraba. Era como una joya de muchas facetas que absorbía y reflejaba el humor y la voluntad de Dios. Ms. Kuhlman daría una palabra de conocimiento y cuando pensabas que esa palabra se refería a ti, pasabas a la plataforma. Entonces ella oraba por ti y caías al suelo bajo el poder del Espíritu Santo. El poder de Dios siempre fluía a través de Kathryn Kuhlman.

Yo miraba con asombro, y me preguntaba qué era lo que George estaba pensando, si es que todavía estaba en el auditorio.

Cientos y cientos de hombres, mujeres y niños estaban confesando que habían sido sanados. Se estaban levantando de sus sillas de ruedas, soltando sus muletas, quitando aparatos de sus piernas, y a mí me estaba encantando cada minuto de lo que estaba presenciando. Entonces Kathryn Kuhlman se detuvo, enfrentó a la congregación, y apunto con su dedo hacia mi dirección. "Hay una mujer en esta área". Otra vez apuntó con su dedo largo delgado que de repente daba la impresión de tener tres metros de largo. Ms. Kuhlman siguió diciendo, "Esta mujer tiene asma, alergias, y lucha contra enfermedades del pulmón. El Señor ha visto tu sufrimiento. Sé sana en el nombre de Jesús".

Mi pobre corazón estaba latiendo como un tambor. Yo sabía que ella se refería a mí, pero me daba terror responder. Una dama llamada Maggie que trabajaba con Ms. Kuhlman se acercó conmigo y me dijo, —Estás siendo sanada. ¡Aprópiate de tu sanidad.

Miré directamente a Maggie y le dije, —Yo no soy la persona. No estoy enferma. —El temor es un terror para las buenas obras.

Ms. Kuhlman apuntó en mi dirección una vez más y dijo, "Señor, esta mujer puede ser muy terca. Necesita una señal de Tu amor por ella".

Fue como si alguien hubiera destapado mi cabeza con un desarmador para luego llenar todo mi ser con aceite caliente. Comencé a temblar incontrolablemente. Maggie me preguntó, —¿Ya estás lista para recibir tu sanidad? —Me daba terror pensar que algo me pasaría si no pasaba adelante a la plataforma y profesaba haber sido sanada.

Al caminar hacia la plataforma, me decía una y otra vez, "No me voy a caer. No me voy a caer". Cuando vi a Kathryn Kuhlman cara a cara, yo estaba teniendo dificultad para respirar. Con su pelo rojo rizado, su cuerpo frágil y su mirada penetrante, inmediatamente reconocí su entrega única y personal al Espíritu Santo. Simplemente la amé en ese instante.

Ella extendió sus manos, suavemente las colocó en mi rostro, y oró una oración de la más inspiradora, diciendo, "Así como Dios me ha dado, te imparto ahora a ti". Pues bien, mi determinación de no caer al suelo bajo el poder del Espíritu se fue por la ventana. No solo caí bajo el poder del Espíritu, sino que mi cuerpo literalmente voló atravesando la plataforma, y terminé debajo del piano de Dino. Cuando por fin me levanté, ¡me sentía llena, transformada y totalmente sana! La otra buena noticia es que encontré a George. Él había recibido tanta bendición que decidió que de hecho Dios sí usa a las mujeres poderosamente.

Esto ocurrió en septiembre, 1971, y el tuberculosis, las alergias y el asma nunca han regresado. A través de los años, me ha tocado que hombres y mujeres maravillosos de Dios me han impuesto manos, orando, profetizando e impartiendo bendiciones espirituales y fuerza para mi camino. Mi vida se ha enriquecido y ha recibido poder al creer y recibir de las vidas y el ministerio de otros grandes santos.

EL PODER DE LA GRATITUD

Después de recibir mi sanidad en la reunión de Kathryn Kuhlman, yo me comportaba como un pájaro que había estado enjaulado toda su vida, hasta que la puerta de libertad se había abierto, y ahora podía volar. Yo estoy tan agradecida por haber sido sanada, liberada, y prosperada.

Los actos de gratitud abren grandes puertas de oportunidad. Cada acto verdadero de gratitud refinará tu alma y atraerá el favor de Dios a tu vida. Yo le conté a toda persona dispuesta a escuchar que Kathryn Kuhlman había orado por mí, que el Señor me había sanado, y que yo estaba muy agradecida.

A continuación comparto una historia que demuestra el poder de la gratitud.

De vuelta en casa, George y yo estábamos terminando una conferencia que habíamos iniciado. Después de la reunión, alguien dijo, "Oigan, todos. George Fluitt nos va a invitar a todos a una comida de filete". George se vio muy asombrado mientras que unas 30 personas comenzaron a gritar, "Gracias, George. Nos vemos en el restaurante". George me miró y me preguntó, —¿Qué es lo que acaba de suceder?

Le contesté, —Me parece que te acaban de dar de voluntario para que le compres a todos filete. —Ambos nos reímos y nos dirigimos al restaurante,

Era un tiempo de mucha celebración hasta que George se dio cuenta que no traía su chequera ni dinero en efectivo. La cuenta iba a ser alrededor de $500.00 dólares. Me dijo, "Voy a echar una carrera a mi oficina para agarrar mi chequera. Cúbreme hasta que regrese". Accedí, y seguí conversando con mis amistades.

> Los actos de gratitud abren grandes puertas de oportunidad. Cada acto verdadero de gratitud refinará tu alma y atraerá el favor de Dios a tu vida.

Yo estaba compartiendo con mi grupo acerca de mi sanidad con Kathryn Kuhlman y de cuán emocionada estaba que nuestro canal de televisión local estaban poniendo al aire su programa de televisión cada semana. El dueño de la estación era un caballero de nombre James A. Noe. El señor Noe había sido gobernador de nuestro estado y era un hombre de negocios muy adinerado y de mucha influencia. Yo me daba cuenta que su esposa estaba muy enferma y había escuchado que esa era la razón por la que estaba auspiciando el programa de televisión de Kathryn Kuhlman. Nunca me había tocado conocer al señor Noe en persona, pero sabía quién era.

Las puertas del restaurante se abrieron y entraron el señor Noe y otros dos caballeros. Se sentaron a solo unas cuantas mesas de nuestro grupo. Después de unos minutos, decidí acercarme para saludarle, y expresar mi gratitud por poner al aire el programa de Kathryn Kuhlman.

Me acerqué a su mesa y le dije, —Señor Noe, mi nombre es Clarice Fluitt. Le quiero dar las gracias y expresar mi gratitud por auspiciar el programa de Kathryn Kuhlman.

El hombre me miró asombrado y me preguntó, —Oh, ¿usted ha asistido a una reunión de Kathryn Kuhlman?

—Oh, sí, —le contesté—. Y fui sanada.

Él comenzó a llorar y me invitó a acercarme con sus amigos. Me preguntó si yo conocía a los caballeros que estaban con él. Le aseguré que no conocía a ninguno de los dos. Luego me los presentó y me dijo que eran los administradores de Kathryn Kuhlman. El señor Noe me dijo que le acababan de informar que nuestra ciudad era demasiado pequeña para tener una cruzada de Kathryn Kuhlman. El señor Noe aun había ofrecido pagar todos los gastos y proveer la publicidad para una gran cruzada de Kathryn Kuhlman en nuestra ciudad. Siguió diciendo que los administradores apenas le habían dicho, "Requeriría que alguien entrara a este restaurante y se acercara con nosotros y nos dijera que había recibido la sanidad durante una reunión de Kathryn

Kuhlman antes de que estuviéramos dispuestos a comprometernos a venir a Monroe. La ciudad es demasiado pequeña". Yo era la confirmación que necesitaban.

Cuando regresó George para pagar la cuenta, el dueño del restaurante le dijo, "Oh, señor Fluitt, el gobernador Noe ya pagó la cuenta de todo su grupo". Mi expresión de gratitud abrió puertas asombrosas.

El señor Noe me pido dar mi testimonio de mi sanidad en su canal de televisión. Esto capturó la atención de miles, y Kathryn Kuhlman sí vino al centro cívico de Monroe. Más de 10,000 personas asistieron. Miles fueron salvados, sanados, y liberados.

Sí, te animo a expresar tu gratitud y aprecio con llamadas, tarjetas, correos electrónicos, mensajes de texto, y aun en encuentros de cara a cara.

Capítulo 5

Oh Señor, conocerte es mejor que la vida

*P*arte de mi rutina diaria era caminar frente a todas las iglesias cerca de mi casa y orar y cantar alabanzas a Dios. Cierto día muy especial, yo estaba llena de gratitud a Dios y por Dios. Clamé en voz alta y dije, "Oh, Señor, conocerte es mejor que la vida! Escuché una respuesta de una Voz que yo había aprendido a reconocer como la Voz de Dios, y me dijo, "No Me conoces personalmente, solo conoces acerca de Mí". Inmediatamente dije, "¡Te reprendo, Satanás, en el nombre de Jesús!"

Pero la voz siguió: "Puedes permanecer donde estás y sanar a los enfermos, echar fuera demonios, y sonar tu pandero en

> Yo estaba aprendiendo que Dios no era quien yo pensaba que era, sino que es quien Él dice que es.

las cumbres de la vida, o puedes escoger verdaderamente conocerme".

Lo único que pude contestar era lo que estaba en mi corazón: —¿Cómo puedo conocerte?

La respuesta fue: —Vende todo lo que tienes, da a los pobres, y ven y sígueme por el valle de la sombra de la muerte.

—¿Cómo puedo hacer eso? —le pregunté.

—Te enviaré a dos acompañantes para guiarte a través de esta siguiente parte de tu camino. Sus nombres son pena y sufrimiento. Ellos saben cómo guiarte hacia Mí. Has conocido las cosas de Dios, ahora necesitas conocer al Dios de las cosas. Permite que yo te quite por completo todas las cosas en las cuales has estado confiando además de Mí.

Esto iba más allá de la razón, pero sabía que no lo debía negar. Yo sabía qué hacer, pero no cómo hacerlo. Yo estaba aprendiendo que Dios no era quien yo pensaba que era, sino que es quien Él dice que es. Yo había entrado a una etapa de aprendizaje muy severa.

DIOS DESMANTELÓ MI VIDA

Me fui a la casa y le dije a George, —El Señor me ha dicho que yo no lo conozco personalmente, que solamente conozco acerca de Él.

George me contestó: —Ay, mi amor, eso viene del diablo. Mira todas las maneras en que Dios te ha usado.

Contesté, —Sí, pero eso no es conocerlo a Él. Eso es solo conocer acerca de Él.

Entonces George preguntó, —Bien, entonces ¿qué crees que Dios quiere que hagas?

—Yo sé qué es lo que Él quiere que haga —contesté.

—¿Qué?

—Dios quiere que vendamos todo lo que poseemos y dar a los pobres, y confiar en Él.

—Ya no hables con Dios a solas. —me contestó George. George es un hombre tan entregado a Dios, que nos arrodillamos, y el oró: —Dios, si esto es lo que Tú quieres, lo haremos.

El Señor contestó: —Esto es lo que quiero. Quiero que estén dispuestos.

George entonces dijo—: Dios no va a esperar que vendamos todo y le demos el dinero a los pobres. Solo quiere que estemos dispuestos.

Pero no resultó así.

Sí vendimos todo lo que poseíamos y regalamos el dinero. Sí nos mudamos de nuestra casa de 16 cuartos y nos cambiamos a una cabaña de tres cuatros en el bosque con nuestros cinco hijos quienes, hasta entonces, solo habían experimentado la "buena vida". Sólo siguió bajo nuestra propiedad una parcela que no pudimos regalar porque nadie lo quería. Eran cuarenta acres (16 hectáreas) de tierra que continuamente se inundaba. Ni siquiera el banco la quería.

Recuerdo que era el día que mi primogénita cumplía 14 años de edad; el 16 de octubre. Qué manera de tener un "feliz cumpleaños". Todos estábamos sentados en el piso de la sala de comer. Ya se habían llevado la plata, nuestros platos más finos de porcelana, y todo lo demás. No había quedado nada. Todavía no sabíamos a dónde íbamos a parar. No teníamos camas en las cuales dormirnos. Sólo teníamos la ropa que traíamos puestos. Nunca habíamos estado en esta situación antes.

"Señor", dije, "puedo ver que me lo hagas a mí. Pero, ¿cómo puedes hacerlo a nuestros hijos?" El me contestó: —¿Crees que tú los amas más que yo? Todo aquello a lo cual estás aferrada, entrégamelo.

Ahora, no estoy diciendo que tú también tienes la obligación de hacer lo mismo. En una ocasión le pregunté al Señor por qué tuvo que ser tan difícil. Él me contestó: "No tenía que ser tan difícil, pero para tu caso fue la manera eficiente". Cada cosa que era conocida y reconfortante en mi vida se vio afectada.

Dejamos todo atrás, mientras que mi mamá y papá lloraban, y todos los demás que nos conocían nos decían, "Han perdido sus mentes".

Sí experimentamos el juicio de otros, enfermedad, muerte, pobreza, fuego, y un sinfín de desafíos que cambiaron nuestras vidas. Sí vivimos a través del ministerio asombroso de mis dos acompañantes fieles, sufrimiento y pena.

EL PLAN DE DIOS SE DESARROLLA

El Dr. Jack y su esposa Jean Davis, amigos con quienes esquiábamos en el invierno en Aspen, Colorado, nos llamó y dijo: "No sé qué es lo que están haciendo. Ustedes tienen esta relación con Dios, y de repente han perdido sus cabezas. Han abandonado su negocio de bienes raíces. Han cedido su propiedad, y tienen cinco niños sin lugar a donde ir". Él tenía razón. No teníamos lugar alguno a donde ir.

El Dr. Jack nos ofreció su cabaña que tenía dos pequeñas recámaras. Estaba muy metido en el interior del bosque. Necesitabas la luz del sol solo para poder dar con el lugar. Tenía un baño, en cierto sentido, y el único ropero donde colgábamos nuestra ropa era un porche atrás al aire libre que George encerró con sábanas de plástico. Cada vez que necesitábamos algo que ponernos, George tenía que llevar el matamoscas para matar los bichos y las arañas que estaban en la ropa. Cada día, George iba de "safari de pobres".

El Dr. Jack nos dijo, "Se pueden quedar allí hasta que decidan qué es lo que van a hacer".

Yo quería conocer a Dios. George quería conocer a Dios. Ya estábamos viviendo en la cabaña tan lejos de la civilización, y en el momento que crees que nada peor pudiera suceder, el plan de Dios comienza a desarrollarse.

Al comenzar esta aventura, tomé la decisión de ser feliz. "Aunque Él me matare, aun así le alabaré". Las personas se iban en su auto para ver donde nos estábamos quedando, y luego nos decían, "Saben, esto es justo lo que necesitaban. Dios les va a traer la humildad adecuada a su vida". Ahora, me encantaría poder decir que les contesté:" Gracias por ese comentario. Me está ayudando tanto", pero eso no era lo que yo estaba pensando.

Luego, George se enfermó. Nunca antes se había enfermado. De repente, él tuvo que tener cirugía. Me quedé totalmente sola con mis cinco hijos. Había una pareja que vivía en una casa móvil cerca de nosotros. La esposa tenía 18 o 19 años. Tenían tres pequeños. Era el invierno, y sus niños se la pasaban afuera. La esposa trabajaba en una gasolinera, y el esposo bebía todo el día. Yo observaba estos niños, con tanto frío y buscando donde comer, pero yo solo tenía dos recámaras y una cocina.

En mi condición de depresión, dije, "Esos niños simplemente se podrán morir allí afuera. Yo ya no puedo cuidar de nada ni de nadie más". Yo estaba empezando a perder mi gozo. Finalmente, sí recogí a los niños y mientras estuvimos allí cuidé de ellos como si fueran míos.

> Dios es un Dios de gloria, y Él está buscando un pueblo que cree que están completos en Cristo, listos a convertirse en puntos de lanzamiento para gloria.

Ya para entonces, me había vuelto muy amargada. Decidí que estaba enojada con Dios, que ya no quería a Su pueblo, ni a mi esposo, ni siquiera a mis hijos. Anhelaba morirme.

Como podrás ver, Dios te quiere llevar a la orilla del desierto y comenzar a exprimirte para que te des cuenta qué es lo que realmente está dentro de ti. Puedes ser muy amable cuando tienes dinero en tu cuenta de banco, cuando te ves muy bien, y cuando tienes buen empleo.

Pero cuando estás pasando por el fuego y te sientes menospreciada, hastiada, desconfiada, y arruinada, y todos están diciendo, "Estás perdiendo la mente", lo que sigue es que, o vas a ponerte de acuerdo con las voces o te vas a poner de acuerdo con Dios.

Recuerdo que me pude ver en un pedazo de espejo roto. Yo me veía muy vieja. No me había peinado el pelo en como dos semanas, y tenía puesta una bata sucia. Yo no quería hacer limpieza, ni bañarme, ni cepillarme mis dientes, y me veía fea y estaba enojada.

Al mirarme en el espejo, dije, "Diablo, esto es lo que tú me has hecho". Entonces la voz de Dios me habló y dijo, "El diablo no tuvo nada que ver con esto. Yo fui". Es entonces que yo dije, "Dios, si tratas a tus amigos de esta manera, ¡no vas a contar con muchos!". Esto es lo que aprendí. Quiero que sepas que puedes enojarte con Dios si quieres, pero Él cuenta con más tiempo que tú.

Todos estamos en un proceso, y el proceso es tan importante como el producto. La única imagen que le agrada a Dios es la Suya. Él te está conformando a la imagen del amado Hijo de Dios.

Dios es un Dios de gloria, y Él está buscando un pueblo que cree que están completos en Cristo, y necesitan saber que se van a convertir en puntos de lanzamiento para gloria. Pasarán por el fuego, pero no olerán a fuego. Pasarán por el agua, y no se ahogarán. Habrán comido el pan de la confusión y el ser juzgado mal, y saldrán mejores, más fuertes, y más duraderos.

Después de la cirugía de George, la verdad de los hechos es que teníamos cinco hijos nada felices, estábamos sin carro y sin dinero, y yo decía una y otra vez, "No tengo nada, nada nada". Y mientras que yo seguía diciendo, "No tengo nada, nada, nada..." eso era justo lo que se estaba manifestando: Nada, nada, ¡nada!

Estaba en la cumbre de mi nivel de frustración, cuando mi papá vino a vernos a nuestra cabaña. Él dijo, "Nena, Dios no te haría esto". Para mi papá, yo siempre fui su "nena". Me dijo, "Por favor, deja que tu Papi te construya una casa. Papi hará esto. Papi hará aquello". Escuché al Señor decir, "No descanses en nada ni en nadie solo en Mí".

Dije, —Papi, no tengo una respuesta para esto. No sé qué es lo que Dios está haciendo, pero escojo creer que Dios es bueno.

Mi papá ya no volvió a venir a mi cabañita. Me dijo, " No puedo ir porque me parte el corazón".

Así como fue la última vez que Papi vino a la cabaña, también fue el último día que yo permití que mi fe se durmiera mientras que yo permitía que el enojo y el desánimo dominaran mi mente y mi boca.

No puedo expresar las profundidades de desesperación y desesperanza que me abrumaron. Lo único que yo había deseado era conocer y servir a Dios. Ahora todo lo que tenía en mi vida estaba lleno de un dolor que despedazaba mi corazón. Mis hijos estaban de lo más infelices, mi esposo estaba enfermo, mis papás estaban confundidos, y mis amigos estaban ausentes. Yo era pobre y patética. Ni siquiera podía encontrar la energía o la habilidad para vestirme. Había tocado fondo.

Me acuerdo que era el día de San Valentín; un día frío, llovioso y oscuro. George y los hijos se habían ido por el día, y yo estaba en casa sola y triste. Estaba sentada en la cocina cuando sentí una mano en mi hombro, y escuché una voz decir, "Vé a la puerta y comienza a tocar." La puerta se abrió e inmediatamente me encontré en el Cielo. Me daba muy cuenta de mi apariencia tan descuidada y de mi actitud tan vergonzosa hacia el Todopoderoso. La voz del Espíritu Santo dijo, "Has querido tener una audiencia con el Padre, así que dile lo que quieres".

Capítulo 6

¡Corre, Clarice, Corre!

Caí al suelo, mi rostro contra el piso, una y otra vez clamando, "Oh Dios, oh Dios, he sido tan miserable y he dicho cosas tan terribles. Ten misericordia de mí. Perdóname, perdóname, perdóname." El Espíritu Santo me dijo, "¡Ponte de pie y dile a Dios qué es lo que quieres". Yo clamé, "Sólo quiero amarte. Sólo quiero comportarme de la manera correcta".

Otra vez, el Espíritu Santo me dijo, "¡Ponte de pie!" Pero yo me seguía cayendo. Tenía puesta mi bata sucia y unas pantuflas viejas y gastadas. El Espíritu Santo me dijo, "Ponte de pie y dile a Dios lo que quieres". Contesté, "Señor, simplemente te quiero amar. Simplemente te quiero alabar".

Una vez más, caí al suelo y el Espíritu Santo dijo, "Clarice, ponte de pie. Tienes audiencia con el Gran Yo Soy. Dile lo que quieres."

Desde lo más profundo de mi alma, clamé diciendo, "Oh, Padre. Me quiero casar con Tu Hijo. Me quiero casar con Jesucristo. ¡Quiero ser la señora Jesucristo!" Las palabras venían desde lo más profundo de mi corazón. Nunca antes había yo pensado de esa manera. Escuché a todo el cielo cantar, " "¡Que se diga, y que se haga!"

El Espíritu me volvió a llevar a ese pequeño cuarto y pensé, Dios mío, he perdido mi mente. Inmediatamente, el Espíritu Santo, el Dador de la Vida, dijo, "Corre, Clarice, ¡Corre!" Era invierno y yo estaba descalza, pero comencé correr. Recuerdo que vi un árbol viejo que odiaba. Ahora, me enamoré de dicho árbol. Me enamoré del césped que estaba ahora café y seco. Todo tenía vida y se veía hermoso. Le pregunté al Señor, "¿Qué es esto?" Vi agua y comencé a temblar ante su esplendor y la majestad de sus interminables facetas de belleza. Escuchaba a todo el Cielo cantar, "Corre, Clarice, corre". Corrí por toda la tierra de pastura y comencé a cantar una y otra vez, "Ishí, Ishí, Ishí". Yo no sabía qué significaba, pero era lo único que yo podía cantar. Dios me había sacado de mi profunda opresión, y ahora gozo indescriptible y glorioso llenaba mi alma.

> Escuchaba a todo el Cielo cantar, "Corre, Clarice, corre". Corrí por toda la tierra de pastura y comencé a cantar. Dios me había sacado de mi profunda opresión, y ahora gozo indescriptible y glorioso llenaba mi alma.

Cuando recibí el Espíritu Santo, cantaba mis oraciones y las Escrituras, pero había perdido mi canto, hasta que comencé a correr y cantar, " Ishí, Ishí, Ishí".

De repente, yo estaba de vuelta en mi cabaña. Estaba sin palabras, asombrada y maravillada. Sentada en mi pequeña cocina, ésta se convirtió en el lugar más maravilloso donde yo jamás había estado. Empecé a clamar al Padre, "Por favor, permíteme quedar en este lugar de paz y revélame a través de Tu Palabra exactamente qué es lo que estás haciendo en mi vida".

Levanté mi Biblia. Las páginas se abrieron a Oseas 2:14-16, donde decía, "He aquí, la seduciré, la llevaré al desierto ... Sucederá en aquel día —declara el Señor— que me llamarás Ishí" [mi Esposo] (LBLA).

¿Podía esto ser cierto? ¿Que lo único que podía cantar era "mi Esposo"? Nunca antes había escuchado a alguien enseñar esto como una verdad bíblica. Dije, "Oh, Señor, que llamemos este lugar Betel. Luego puedo permanecer aquí para siempre". Él dijo, "No, ahora que has vencido, nos tenemos que ir. Tenemos otra montaña que cruzar".

Mi esposo George volvió a casa esa noche, y pensé, "Dios mío, con todo lo que él ha tenido que atravesar ¿cómo le puedo decir, 'Oh, hoy fui al cielo y me casé con Jesús'?". Nos acostamos. No había cortinas en las ventanas. La luz de la luna estaba alumbrando el rostro de George y pronto se quedó dormido. Yo estaba orando en cuanto a cómo le iba a decir que yo había ido al Cielo. Oré al Señor, "Todo lo que has hecho por nosotros, siempre lo has hecho por ambos". Luego puse mi mano sobre su pecho y le dije al Señor, "Lo que has hecho por mí, Señor, por favor, hazlo por él también".

De repente, los ojos de George se abrieron y saltó de la cama. Empezó a brincar. Lágrimas corrían por su rostro. Me dijo, "¡Oh, Dios mío! ¡Oh, Dios mío! Clarice, no sé cómo decirte esto. No quiero lastimarte, pero me estoy casando con Jesús. Me voy a casar con Jesús.

El Señor se encontró con George el mismo día, más de manera diferente.

Capítulo 7

Dios es un Dios de Restauración

Toda mi amargura, enojo y desilusión habían desaparecido. Esa cabañita verdaderamente se convirtió en mi lugar de descanso. Había aprendido a amarla. Dios dijo, —Ha llegado el día, ya pueden dejar este desierto. ¿A dónde quieres ir?

Yo contesté —Señor, éste es el lugar más dulce en toda la tierra. Yo simplemente quiero estar donde Tú quieres que esté.

Él contestó a mi corazón. —Qué bueno, porque estoy a punto de colocarte en una calle sin salida con cuatro generaciones de la familia de tu esposo, quienes piensan que eres el anticristo. Ustedes se van a quedar allí hasta que todos se puedan amar.

Todos ellos vivían en la calle Webster. George había sido el hijo preferido en quien tenían alta expectación, y yo era la muchacha protestante quien, según su familia, lo había alejado de la iglesia única y verdadera. Ahora nuestra tarea era conquistar sus corazones y establecer buenas relaciones entre todos.

El tiempo que pasamos viviendo en la calle Webster, en una casa pequeña cerca de la familia de George, fue un tiempo continuo de restauración. Habíamos perdido algo de esa gran ambición de hacer grandes cosas. George volvió a abrir su negocio de bienes raíces, y yo me dediqué de tiempo completo a mis hijos y a mi hogar. Amábamos al Señor y el fuego por ganar al mundo seguía prendido, pero ya no ardía en nuestros corazones. Simplemente nos quedamos esperando en los tiempos de Dios por los próximos años.

Luego, en el otoño de 1980, le dije a George que el Señor me había dicho que nos íbamos a mudar. Él me dijo, "Ahora, Clarice, estamos cómodos aquí y no nos vamos a endeudar al comprar una casa. Simplemente necesitas calmarte y vivir una vida cristiana normal. Somos personas sencillas y ordinarias y no tenemos que tratar de ser otra cosa". Yo lo escuché, pero a la vez yo sabía qué era lo que el Señor estaba diciendo. Yo también sabía que el origen de las palabras de George era un espíritu herido. Él era un pionero para abrir nuevas brechas, no alguien que simplemente había de permanecer tranquilo y conforme.

Al siguiente día, hablé a un agente de bienes raíces para hacer una cita para ver casas que estaban en venta. Ella me preguntó, —¿Hasta cuánto están dispuestos a pagar?

Mi respuesta fue, —El precio no es factor. —Ahora, la realidad es que solo contábamos con 300 dólares en nuestra cuenta bancaria. La agente me preguntó qué era lo que estábamos buscando. Yo le contesté: —Necesito seis recámaras. cinco baños, una sala, un comedor, una cocina, una oficina, y una sala de juegos en un vecindario de primera clase, con alrededor de 5500 pies cuadrados.

Ella hizo una cita para llevarme esa noche a ver una casa muy hermosa en un área excelente. Cuando mi esposo me preguntó a dónde iba, le contesté, —Voy a buscar una casa a donde irnos a vivir.

Él sonrió y contestó, —Voy contigo para que no hagas cosas que después te den vergüenza.

Es muy importante que sepan que George es un hombre muy espiritual y muy sensible a la voz de Dios. Yo le doy gracias a Dios por darme un esposo tan paciente y de corazón tan bondadoso. También es un hombre muy razonable. Siempre me ha honrado y ha confiado en mi don para escuchar la voz de Dios. Cuando sabemos a ciencia cierta que Dios nos ha hablado, tenemos que obedecerlo aun cuando no nos suene razonable.

Nos encontramos con la agente de bienes raíces. La casa era muy bella y estaba totalmente amueblada por dentro y por fuera. La agente nos explicó que los padres del dueño recientemente habían fallecido, dejándole una mansión grande y totalmente amueblada, así que se cambió con su familia a esa residencia, dejando todo en la casa que ahora estaban vendiendo.

Mientras George y yo estuvimos viendo la casa, llegaron los dueños. Entraron a la casa y la agente nos presentó. La esposa me preguntó, —¿Les gusta mi casa?

—Oh sí, está muy linda —le contesté. La dama me estaba prestando tanta atención que era como si alguien hubiera aventado "polvo de hadas" por todo el cuarto. Me preguntó: —¿Te gustan mis muebles?

—Sí me gustan —le contesté—. Pero es importante que sepa que yo tengo cinco hijos así que voy a necesitar seis recámaras. Su casa solo tiene cuatro.

> Ella dijo, "Les obsequio todo; todos los muebles, la plata, el cristal, las lámparas, etc. Me acordé del día que yo había regalado todas mis posesiones, ¡y ahora Dios estaba trayendo restauracion!

Ella luego me preguntó: —¿Les podrían servir todos los muebles y demás que tenemos en esta casa?

—¿Cuánto costarán? —le pregunté.

—Les obsequio todo; todos los muebles, la plata, el cristal, las lámparas, etc., etc., etc.

Me acordé del día que yo había regalado todas mis posesiones, ¡y ahora Dios estaba trayendo restauración! La única condición era que ella necesitaba que desalojáramos todo para el siguiente día. Hacerlo nos iba a costar $300.00, y eso era todo lo que teníamos.

De regreso George y yo a casa, comenzó a llover, y llovía fuerte; tan fuerte que, como decimos en el sur, "hasta las ranas se ahogaban". George estaba callado, pero luego preguntó: —¿Qué vas a hacer con tantas cosas?

Sonreí y luego dije, —Es obvio para mí que vamos a amueblar una casa grande en algún lado. —Él no se mostró emocionado.

Llegamos a casa y estábamos sentados en nuestra sala tomando una taza de café y hablando acerca de mi urgencia de estar preparados para cuando Dios nos quería mover a alguna parte. George no había cambiado de parecer pero estaba escuchando cortésmente lo que yo le decía que yo creía. A las diez de la noche alguien tocó en nuestra puerta. No teníamos techo que cubriera la puerta principal, así que pensé que la persona que estaba afuera seguramente se estaba mojando mucho.

George abrió la puerta y un caballero totalmente empapado de nombre John pasó adentro y nos dijo, —Yo estaba en casa y el Señor me dijo que ¡viniera ahora mismo a esta dirección y comprara esta casa!

George, siendo corredor de bienes raíces también, le dijo a John, —Vivimos en una calle sin salida a menos de dos kilómetros de la universidad en un área transicional. Las tasas de interés para una hipoteca están entre el 16 y 18 por ciento. ¿Por qué quieres esta casa, y acaso mi esposa te dijo que esta casa estaba en venta?"

John simplemente sonrió y contestó, —No, no he hablado con tu esposa, ¡pero Dios me dijo que comprara esta casa!

Para no hacer más larga la historia, John compró la casa y nos dio 30 días para cambiarnos. Nos dijo la cantidad que Dios le había dicho que diera por la casa, y era el doble de lo que la casa nos había costado originalmente. Tratamos de convencer a John de que bajara el precio, pero él enfáticamente dijo, "¡No!"

Ahora que teníamos algo de dinero y muchos muebles, podíamos ir en busca de una casa más grande. Nuestra hija Cathy nos anunció a la siguiente mañana que había tenido un sueño y que, "Soñé que volvimos a la casa donde vivíamos antes".

George se quedó callado pero por la tarde me invitó a que saliera a dar un paseo con él. Pasamos por la casa donde habíamos vivido antes de que Dios nos indicara que dejáramos todo, y me dijo, "Vamos a ponernos de acuerdo de que si tenemos lazos a esta casa que no agraden a Dios, que los rompemos en el nombre de Jesús".

CUANDO DIOS RESTAURA, ÉL HACE QUE
TODO SEA MEJOR QUE ANTES

Cuando llegó la plenitud de tiempo, los vientos helados de disciplina y el largo invierno pasaron. Entonces Dios mandó los suaves vientos cálidos de restauración.

> En cuanto a esa propiedad de 40 acres que nadie había querido, encontraron allí gas y minerales. Otra vez, Dios había intervenido soberanamente a nuestro favor.

A través de circunstancias soberanas, Dios restauró todo lo que habíamos regalado. Nos dejó libres de deudas. La casa que habíamos dejado en obediencia, nos la restauró el mismo día exactamente cinco años después. El 16 de octubre Dios dijo, "Ahora". Nos regresó a la misma casa que habíamos regalado – la casa donde habíamos tenido un grupo de oración que en su momento había alcanzado a miles.

En cuanto a esa propiedad de 40 acres que nadie había querido ni regalado, encontraron allí gas y minerales. Otra vez, Dios había intervenido soberanamente a nuestro favor.

Cuando Dios restaura, Él hace que todo sea mejor de lo que estaba originalmente. Estábamos preparados y listos para la próxima etapa de nuestra jornada. Nuestra historia es una de riquezas a trapos, y luego riquezas de nuevo. Recuerdo muy bien haberle preguntado a Dios varias veces, "¿Cuánto tiempo va a durar esta larga noche de mi alma?" Su respuesta siempre fue la misma: "Cuando ya no te moleste. Entonces serás victoriosa, y no víctima".

Ni George ni yo nos considerábamos candidatos calificados para servir a nuestro Dios. Nos sentimos mejor al respecto cuando encontramos la Escritura que nos dice que Dios ha escogido a los débiles e insensatos para confundir a los sabios y poderosos.

Para lograr niveles más altos en Dios, tienes que saber que ¡satanás verdaderamente ha sido derrotado bajo tus pies! Esta revelación demanda aplicación a la vida. El saber que puedes pasar por los fuegos de sufrimiento y dolor en la vida y no salir oliendo a humo te promoverá al círculo de los ganadores, no al rincón de los llorones. Nunca malgastes tus penas. Úsalos como una insignia de honor que te permite acceso a un lugar de autoridad, favor y poder divino. Tu medida de influencia aumenta conforme te pones de acuerdo con Dios en cada nivel de tu vida.

George y yo establecimos el Centro de Oración y Entrenamiento Mundial en 1982 en Monroe, Louisiana. Nos ha sido de gran bendición ser un lugar de lanzamiento para la revelación de la autoridad del creyente, la obra terminada de Cristo, la restauración de alabanza y adoración espontánea bíblica, y el poder de la voz profética de Dios. Nuevo día ha amanecido, y lo que antes era nuestro bebé (nuestra iglesia) ahora ha alcanzado la edad profética de 33. George y yo sabemos que el ministerio que hemos edificado, alimentado y amado ha madurado. Estamos listos para avanzar a la siguiente etapa del plan de Dios. La vida es maravillosa y llena de asombro.

Ahora que conoces un poco de mi historia, permíteme relatar algunos de los milagros más asombrosos, los cuales hacen crecer la fe, que he tenido el honor de experimentar y presenciar.

Fotografías

Aquí es donde conocí a Amigo.

Dios desmanteló mi vida - Nuestra casa antes

La cabaña - (Muchos años después de dejarla)

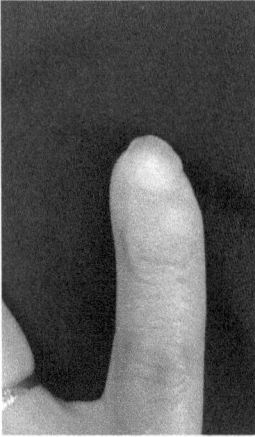

El dedo nuevo de Cathy

Cuando Dios restaura... Nuestra iglesia

Fructificad y multiplicad – Sanada de esterilidad

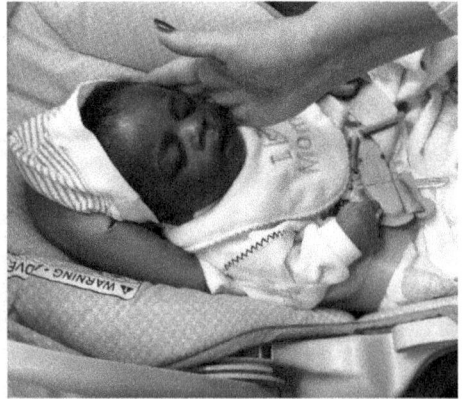

Orando por el pequeño Goodness

Pide en grande y recibe en grande– "Evidencia," mi casa rodante

Parte Dos

Las cosas de Dios

llegan a ser tuyas por

la razón del uso

Capítulo 8

Un asiento en el centro
de la primera fila

*D*urante la década de los 1970, el coro de la Universidad Oral Roberts estaba en gran demanda por todos los Estados Unidos. Estaba compuesto de músicos jóvenes, entusiastas y excelentes. El programa de televisión dominical de la Universidad Oral Roberts era una presentación cristiana innovadora y fuera de serie. Estos programas de televisión gozaban de gran aceptación por todo el país. Yo era una de sus admiradores devotos.

Me emocioné mucho cuando me avisaron que el coro de la Universidad Oral Roberts iba a tener un concierto en la iglesia Life Tabernacle en Shreveport, Louisiana, que estaba a solo unas

100 millas (160 km) de mi casa. Inmediatamente hice planes para que toda la familia asistiéramos al concierto. Nuestros buenos amigos, el juez Fred Fudicker, su esposa y familia también decidieron acompañarnos, así que planeamos el corto viaje juntos. Todos iríamos a la iglesia, disfrutaríamos del concierto, saldríamos a comer juntos, y luego regresaríamos a casa.

El día antes de nuestra salida, me puse muy enferma. Tenía fiebre alta, estaba estornudando, tosiendo, y me sentía verdaderamente mal. Sin embargo, yo tenía la firme determinación de ir. Cuando desperté el domingo por la mañana, me sentía mejor, pero había perdido mi voz por completo y había desarrollado un caso severo de laringitis. No podía hablar, pero de todas maneras les hice saber que sí íbamos a ir al concierto. George ayudó al encargarse de que los niños se alistaran y desayunaran, mientras yo hacía gárgaras de jugo de limón salado caliente, pero sin ningún resultado.

Manejamos las 100 millas en silencio, lo cual fue una nueva experiencia para todos nosotros. George me compró varios paquetes de pastillas para la tos. Cuando tosía, se oía como un perro grande muy enfermo de moquillo, pero aun así, yo sí iba a ir a escuchar al coro de la Universidad de Oral Roberts.

Nos encontramos con nuestros amigos, y George les explicó que yo tenía laringitis y que no podía hablar ni una sola palabra. Cuando llegamos, el estacionamiento estaba lleno. Al entrar a esta iglesia inmensa, no había asientos libres en el piso de abajo. Los asientos vacíos en el balcón estaban dispersos así que no nos podíamos sentar todos juntos. Yo no podía expresar mi frustración porque mi "expresador" no estaba funcionado.

Cuando voy a la iglesia, me gusta sentarme al frente, cerca de toda la acción. No quiero estar en un lugar donde me voy a distraer a causa de los que no están enfocados en los que está ocurriendo en la plataforma. Pues bien, no había asientos cerca al frente, ni en medio, ni en las orillas. George encontró asientos muy atrás, pero no estábamos juntos. Empecé a orar, "Señor, por favor, consígueme un asiento al frente". George se daba muy bien cuenta de mi descontento, y me dijo en voz baja, "Clarice, conténtate por el hecho de que tenemos asientos". Yo estaba procurando, pero no podía convencer a mi corazón de que se pusiera contento. George y nuestros tres hijos más pequeños estaban sentados en una sección mientras que nuestras dos hijas mayores y yo estábamos en otra área. Nuestros amigos habían encontrado asientos por su propia cuenta.

Éste es el escenario: La Iglesia "Life Tabernacle" tenía su propio coro renombrado y con músicos de la más alta categoría. El reverendo Nolan Logan, el pastor mayor, era un carismático progresivo, y Anna Jean Price era una pianista concertista ungida y el músico principal. Cuando sus reuniones comenzaban, las personas que formaban el coro, portando bellísimas togas, salían de varias direcciones diferentes, danzando, brincando, y cantando. Ellos traían y liberaban gozo indescriptible y glorioso. Simplemente no podías dejar de alabar al Señor en tal atmósfera.

Ahora, piensa en todo ese talento y ahora añade el coro concertista increíble de la Universidad Oral Roberts. Mi corazón lloraba, pero mi voz estaba en silencio. "Oh, Señor, ¡realmente necesito un asiento cerca y enfrente!" Mi hija Débora tenía 11 años y Becky tenía 9, y ambas estaban sentadas conmigo en la parte de atrás donde ninguna de las tres no podíamos ver nada.

El pastor Logan llegó al púlpito para saludar a todos y explicar cómo el evento del día iba a proceder. De repente, se detuvo y dijo, "Tenemos muchos visitantes hoy, y veo a mis buenos amigos Clarice y George Fluitt de Monroe. Gracias por venir para estar con nosotros". Yo estaba asombrada de que nuestro amigo pastor tuviera tan buena vista; yo apenas lo podía distinguir entre la muchedumbre. Él seguía hablando: "La hermana Fluitt tiene una voz bella y ungida. Iglesia, ¿les gustaría escucharla cantar para nosotros hoy?

La congregación comenzó a aplaudir y yo empecé a hablar en lenguas sin voz. Debra sonrió y me recordó: "Mamá, le prometiste a Dios que le servirías en cada oportunidad que te brindara. Vé y canta para el Señor". Becky me miró con sus ojos grandes color café llenos de compasión: "No lo hagas, Mamá. No estás bien y ni siquiera puedes susurrar".

> He aprendido a decir, no orar, a la montaña en mi vida: ¡Muévete! Le agrada al Padre bendecir a Sus hijos, y le agrada a los hijos bendecir al Padre.

El coro de "Life Tabernacle" ya estaba en sus lugares, y el coro de la Universidad Oral Roberts estaba esperando para participar, y yo valientemente caminé por ese pasillo muy, muy largo, llegué al púlpito, tomé el micrófono, miré a la congregación, hice una pausa, y luego, susurrando roncamente, pregunté, "¿Creen en los milagros?

Cada mano se extendió en oración hacia mí. Miré a Anna Jean y con mis labios le dije, "El Padre Nuestro". Ella inmediata y dramáticamente atacó las 88 teclas del piano con una introducción que causaría que hasta un muerto cantara. Abrí mi boca y un

UN ASIENTO EN EL CENTRO DE LA PRIMERA FILA

sonido angelical que iba mucho más allá de mi talento salió de mi boca. Yo estaba cantando con toda la pasión que mi cuerpo, alma y espíritu pudieran tener. Las personas estaban llorando y riéndose, porque toda la congregación reconocía que estaban presenciando un milagro. Yo concluí, llegando a una perfecta nota Mi más alta que la nota Do alta.

Mientras que la congregación estaba gritando de emoción, me bajé de la plataforma y allí estaba: un asiento libre en la primera hilera y al centro. Dije, "¡Gracias, Señor!" y tomé el asiento.

He aprendido a decir, no meramente orar, a la montaña en mi vida: ¡Muévete! Le agrada al Padre bendecir a Sus hijos, y le agrada a los hijos bendecir al Padre.

Capítulo 9

Moviendo tus límites

Recibimos una llamada de un caballero pentecostal, pidiéndonos que fuéramos al hospital para orar por su esposa que estaba por morirse. Necesitan entender: Nosotros todavía estábamos en la Iglesia Católica, pero este caballero nos dijo, "Mi esposa tiene cáncer y está en coma. El Dr. dice que no va a sobrevivir la noche. Hemos escuchado que ustedes oran por los enfermos. Aunque sean católicos, ¡nosotros estamos desesperados!"

Esto ocurrió en aquellos días cuando yo creía que tenía que ayunar por tres días antes de dar una respuesta sencilla. Este hombre me dijo, "Señora, yo no tengo tres días. Mi esposa se está muriendo. ¿Me oye? Venga inmediatamente y haga de cuenta que ya ayunó por tres días".

Él dijo, "Sé que alguien en el cuerpo de Cristo ha estado ayunando. Somos un solo cuerpo así que venga, haga suyo el ayuno que esta persona hizo". Yo pensé, "¿Se vale hacer eso?" ¡Yo tenía que moverme más allá mis límites religiosos!

George y yo junto con la esposa de un médico local fuimos al hospital donde se encontraba esta dama. Ella tan solo pesaba unas 70 libras (como 32 kilos). Era la señora Thomas. Estaba acostada en la cama y su esposo, hijo e hija se habían reunido para venir y decirle adiós. El médico ya les había dicho que ella no iba a vivir ni una hora más. Ella tenía cáncer del colon, y también había sufrido un infarto y una embolia. Tenía tubos en cada orificio, y su respiración ya sonaba a muerte. Yo odio la muerte. La muerte no es nuestro amiga y yo firmemente creo que tenemos las llaves al infierno, la muerte y la tumba.

La señora Thomas allí estaba recostada sin moverse y luchando por aliento. Oh, no se veía para nada bien. Los médicos ya le habían dado la sentencia de muerte, y ella tenía la apariencia de muerte, el olor a muerte, y los sonidos de muerte.

Mi esposo es razonable. Me dijo, "Clarice, ya es demasiado tarde. La señora Thomas ya está por morirse". Le pregunté a la familia de la señora Thomas, —¿Creen que Jesús pagó el precio por la sanidad de esta mujer?

Ellos contestaron, —¡Sí! —Inmediatamente sentí la libertad para orar. La fe es simplemente actuar en base a la Palabra de Dios. Actuar no es fingir. Tenemos que activar las promesas de Dios con fe y permitir que Dios se levante. Puede que tus rodillas estén temblando, pero no permitas que nadie se entere. Nunca permitas que alguien te vea sudar y recuerda que tú eres rey y sacerdote. ¡Los sacerdotes no sudan!

> Tenemos que activar las promesas de Dios con fe y permitir que Dios se levante. Nunca permitas que alguien te vea sudar y recuerda que tú eres rey y sacerdote. ¡Los sacerdotes no sudan!

Valientemente anuncié: "¡Voy a orar por esta mujer y ella se va a levantar y va a caminar!" Aplaudí mis manos y dije, "Espíritu infame de muerte, espíritu vil de infarto, espíritu vil mentiroso, quítate de esta mujer". Luego dije, "Señora Thomas, regrese, y viva su vida".

Entonces ella se despertó de su coma, sus ojos se abrieron, y su cuerpo sobrenaturalmente se levantó en la cama. George después me dijo, "No te imaginas qué tan a punto estaba yo por salirme de esa habitación cuando dijiste que todos los que dudaban debían irse".

La señora Thomas se jaló los tubos y los sacó de su nariz, se bajó de la cama, y vivió otros 32 años más.

Gracias a Dios. Has sido llamado a echar fuera demonios, levantar a los muertos, sanar a los enfermos, predicar las buenas nuevas, y hacer milagros. ¿Quién hará las obras de Dios? ¿Quién estará de acuerdo con la Palabra de Dios?

Capítulo 10

~~~

El nombre de Jesús está sobre todo Nombre

*D*urante mis años de bautista, metodista, presbiteriana, episcopal y católica, me quedé con muchas doctrinas interesantes que en su mayoría, fuero inventadas por el hombre. Yo estaba totalmente convencida en esta etapa de mi vida que una mujer no debía hablar en público en una reunión cuando había hombres presentes. Yo era sincera, pero estaba totalmente equivocada. La religión es un capataz terrible, pero un corazón cambiado ocurre cuando tienes una relación con Jesús.

Yo estaba convencida que yo era una pobre hija desterrada de Eva, y que la persona que causó todos los problemas en el mundo era una mujer de poco valor. Yo estaba llena de culpabilidad con tradiciones que no me permitían avanzar.

¿Has leído que la Biblia nos enseña que nuestras tradiciones interfieren con la Palabra de Dios? Yo estaba tan confundida. El deseo de mi corazón era servir a Dios, pero estaba luchando con el llamamiento porque temía hacer algo mal.

Dios me estaba diciendo, "Venga, mujer poderosa de Dios". Yo estaba diciendo, "No puedo. Soy como un gusano. Soy solo una mujer". Dios te va a permitir creer lo que necesitas creer para llevarte a donde Él te está llevando. Para romper las fortalezas de la tradición, el sentido de no tener valor, el autodesprecio y la baja autoestima en mi vida, el Señor causó que ocurrieran circunstancias que yo no podía negar.

Yo estaba viajando con mi amiga, Linda. Ella era un músico maravilloso y una poderosa guerrera de oración. Habíamos estado viajando por tres semanas predicando, enseñando, cantando, y ministrando la Palabra de Dios —entre mujeres únicamente.

Simplemente éramos dos mujeres que amábamos a Jesús. Cada vez que me invitaban a compartir, yo me paraba y me presentaba diciendo: "Mi nombre es Clarice Fluitt, y yo soy la esposa de George Fluitt. Él es el pastor de la iglesia, tenemos cinco hijos, y yo me dedico a mi hogar. Amo tanto a Jesús, que estoy sumamente agradecida que me den la oportunidad de venir y compartir acerca de las bondades del Señor". Así lo hacía antes de entender que la religión estaba a punto de morir una muerte violenta, y que yo aprendería a permitir que Dios se levantara.

Un día el Señor me amonestó: "Si tú te presentas de esa manera tan tonta siquiera una vez más, te voy a sacar la lengua y golpearte con ella". Agregó: "¿Qué tiene que ver esa presentación conmigo? Dale gracias a Dios porque para siempre es Su misericordia". Yo estaba aprendiendo que la corrección no implica rechazo.

Así que llegamos a cierto pueblo en Texas donde yo había aceptado la invitación a ministrar, porque estaba bajo la impresión que era una reunión de mujeres. Me enteré de que era en el Centro Cívico, y el gran anuncio enfrente del Centro decía: "Esta noche, servicio de ordenación con Clarice Fluitt". Sentía que me iba a morir.. Busqué al hombre encargado para decirle que yo no podía ministrar en una reunión donde había hombres.

El pastor Earl era grande, extrovertido y alegre. —Hola y bienvenida, hermanita —me dijo.

Con mucha cautela contesté, —Hola, pastor. Creo que ha habido un error.

—Qué parece ser el problema? —me preguntó.

Le contesté: —No ministro donde hay hombres presentes; me siento incómoda al respecto.

Su respuesta fue: —Pues bien, hermanita, usted es la única persona con quien contamos, así que va a tener que superar eso.

Sorprendida ante su respuesta, le dije, —Es que ... va en contra de mi doctrina.

Él sonrió y en broma me dijo,—Pues haga un buen trabajo y lee damos unos diez dólares.

"¡Dios mío!" pensé. "Él cree que estoy aquí solo por el dinero." Esto apretó todos mis botones religiosos. Todos los espíritus religiosos que había estaban dormidos se vieron desafiados ese día.

Linda y yo regresamos al hotel. Creo que me cambié de ropa 20 veces tratando de ver cómo me veía los más santa posible. Pensaba, "Seguramente no van a haber muchas personas. Es un pueblo muy, muy pequeño."

Cuando llegamos al Centro Cívico, el lugar estaba lleno hasta el tope. Totalmente lleno, con hombres por todas partes. Por si no sabían, uno de los nombres de Dios es Jehová, "él que nos tiende trampas." Pues aquí estábamos. El pastor, un hombre por demás alegre, se levantó y anunció: "Tenemos el coro del pueblo de Coon Neck con nosotros esta noche". Yo pensé, "Ah, tienen músicos. Si hacen lo suyo muy bien, yo después simplemente me tengo que levantar y decir, "Te bendigo, sé ordenado" y luego me puedo ir rápidamente a casa.

Me puedo imaginar que en ese momento, Dios reunió a los 24 ancianos alrededor de su trono y dijo, "¡Vengan y vean esto!" Entraron todos los participantes del coro de Coon Neck. Yo estaba esperando que portaran togas de coro, pero no. Todos traían camisetas que decían "Coon Neck". Todos salieron, viéndose felices – de hecho, exageradamente felices. El director del coro también era el pastor Earl. A la vez, era el encargado de todo el evento; el mismo hombre que me había ofrecido $10.00. Pero en este momento, él era el único amigo que yo tenía en dicho lugar. Anunció: "Vamos a cantar *He aquí el Cordero de Dios*".

Pensé, "Ah, ese es buen canto —no hay manera de que lo canten mal". Pero cuán equivocada estaba. Parecían aullidos. Miré a Linda. Ella me miró a mí. Yo sabía que no debía hablar donde había hombres. Cuando el coro terminó, y el pastor dijo, "Alabado sea Dios. Eso fue maravilloso. Hagámoslo otra vez para Jesús". Yo pensé, "No - a Jesús ya lo crucificaron".

Lo único que puedo decir es que fue doblemente terrible - pésimo. Ya para cuando estaban terminando, el pastor les estaba aventado besos mientras les decía, "Maravilloso. Magnífico". Él tenía toda la determinación de que, si él tenía liderazgo en sus vidas, entonces ellos serían quien Dios decía que eran. Él estaba modelando verdadero liderazgo, "llamando a las cosas que no son como si fueran".

Ésta es la clase de liderazgo que necesitas. Cuando todo se ve mal, te llamarán campeón y te recordarán que tú estás arriba y no abajo, que eres sano y libre. Así son los líderes que necesitamos; mentores, no atormentadores. Un gran líder no habla acerca de lo que no tienen, sino que empieza a edificar sobre lo que sí tienen. La tercera vez que el coro cantó, el cielo llenó el cuarto y todos cantaron maravillosamente. Yo decía, "Es un milagro, es un milagro. Dios está en la casa". Yo estaba tan emocionada, que casi me olvidé de que yo era una mujer limitada a causa de mi sexo".

> Cuando todo se ve mal, un buen líder te llamará campeón y te recordará que estás arriba y no abajo, que eres sano y libre. Son mentores, no atormentadores.

"Ahora vamos a presentar al Hermano Maravilloso y su Ministerio Intergaláctico". Este hombre vino al frente, habló acerca de las 25,000 personas a quienes había ministrado, y durante todo esto yo estaba en el rincón encogiéndome cada momento más. Pensaba: "Oh, Dios, haz que el Hermano Maravilloso haga lo que me pidieron hacer". Pues bien, este hermano dejó de hablar, y luego presentaron a la "Hermana Magnífica". Y luego, finalmente, cuando eso había terminado, el pastor Earl dijo, " Pase adelante, hermana Clarice Fluitt". Lo hice, pero mi lengua estaba clavada al techo de mi boca y yo no podía pensar ni hablar. El temor es un terror para las buenas obras.

Sabes, si crees que estás bajo maldición, atraerás la incredulidad hacia ti. Yo estaba parada allí y tal parecía que cada uno de los hombres presentes estaban cruzados de brazos, implicando: "No hay nada que tú nos puedas decir ni dar". Yo conocía el idioma del cuerpo. Débilmente dije, "Estoy muy feliz de estar aquí" (mi primera mentira). El Señor ya me había dicho que no podía presumirles de ser una esposa sumisa y una buena madre para establecer mi credibilidad.

Yo dije, "El nombre de Jesús está sobre todo aquello que tenga nombre". Todo quedó en total silencio. Tomé una pausa y luego dije, "Su nombre está sobre el nombre de cáncer, está sobre el nombre de ataque cardiaco". Ahora, recuerda, en ese lugar tengo un solo amigo, el Pastor Earl, el director de coro, y él que me dijo que me iba a dar diez dólares si hacía bien. Pensé que era obvio que ya no me iba a ganar esos diez dólares. De repente él se levantó, se agarró del pecho y dijo, "Ahhhh...," y se murió allí mismo en el piso. Él era mi único amigo allí y tal parecía que Dios lo acababa de matar.

Yo sabía que las mujeres no debían hablar donde había hombres. Yo lo sabía. Lo sabía. Sus hijos estaban gritando, "¡Papi, Papi!" y su esposa decía, "Earl, Earl mi amor". Earl se había ido. Él se había ido para estar en la Gloria.

Ahora, si quieres deshacer una reunión, di: "Hola", y luego que Dios mate a una persona en el mismo instante.

¿Quién quiere hacer las obras de Dios?

Todos estaban gritando y llorando. Llamaron a los paramédicos y pronto llegaron. Sacaron la camilla, y comenzaron a golpear su pecho, mientras yo parada solo miraba. Linda me miró y me preguntó: —¿Qué quieres hacer?

Le susurré al oído: —Desaparecer. ¿Qué es lo quieres decir al preguntarme qué quiero hacer? —Ella seguía tocando el piano mientras toda esta situación estaba tomando lugar.

El Señor me dijo, —Ah, eres una candidata de lo más improbable. ¿Quieres obtener favor con estas personas?"

—No, —le contesté—. Me quiero ir a casa.

Nunca antes en mi vida había deseado tanto meramente ir a casa y hornear pan. Pero Dios me dijo, "Vé y levántalo de entre los muertos". Yo le contesté: —Ve Tú y levántalo.

El Señor contestó: —Yo no puedo ir allí. Nada se manifiesta en esta dimensión sin un cuerpo. Llévame allí; pon tu mano sobre él y di: "Ato el espíritu de muerte y libero la vida de resurrección".

"Papi, Papi." "Earl, mi amor". Mientras el piano seguía con su música suave al fondo, yo le dije al Señor, —Permíteme explicarte, Señor, cómo esto funciona. Si yo voy allí, te llevo a Ti allí, y si Tú cambias de parecer entre aquí y allá, más vale que prepares dos lugares en el cielo, porque yo también me voy directo a la Gloria. Me moriré allí encima de él, me aguantaré la respiración y nunca podré superar la situación. Es el fín.

> Por fin obedecí, seguí las instrucciones de Dios, y dije: "Ato el espíritu de muerte y desato resurrección y vida". Los ojos de Earl se abrieron y se levantó. A nadie le importó que yo fuera mujer.

La respuesta de Dios fue: —Vé y haz lo que yo te digo que hagas.

Valientemente le proclamé a la congregación: "Damas y caballeros, el Señor levantará a este hombre de la muerte". Era como si el Mar Rojo se hubiera partido.

Bob Buse, un profeta que conocí, siempre decía, "Compórtate como si hicieras esto todos los días". Recuerdo haber leído en la Biblia que yo debo hacer las obras de Dios. ¡Quiero ser una extensión en la esfera de lo milagroso! Yo creo que tengo las llaves del infierno, la muerte y de la tumba.

Existe una generación en la cual la cita con la muerte se ha roto. Escoge en cuál generación quieres estar. Escoge lo que quieres creer. ¿Harás las obras de Dios?

Caminé hacia donde estaba Earl y puse mi mano sobre él y comencé a orar en lenguas. El Señor me preguntó: —¿Qué haces?

Le contesté: —Estoy orando.

Él me contestó: —Te estás comportando como uno que echa a andar un carro pero sin avanzar. Eres como un carro que está haciendo drrrm, drrrrm, pero no estás yendo a ningún lado. Te dije que pusieras tu mano sobre él, que ataras el espíritu de muerte y que desataras resurrección y vida".

Por fin obedecí, seguí las instrucciones de Dios, y dije: "Ato el espíritu de muerte y desato resurrección y vida". Los ojos de Earl se abrieron y se levantó. La muerte abandonó el salón y toda la congregación se regocijaba. Yo estaba asombrada cuando al final de la ordenación me llegaron una multitud de invitaciones para ministrar. A nadie le importaba que yo fuera mujer.

La fe viene al oír a Dios. Él puede usar a una persona ordinaria y llenar a esa persona de la verdad de Dios para que tú, también, te vuelvas una extensión de Su amor. El amor no expresado es amor no recibido. Puede que tengas el poder de hacer toda clase de cosas pero si no puedes ser amable, si no puedes amar a las personas, si no puedes siquiera saludar a alguien, entonces todo se convierte en un mero acto.

Capítulo 11

Se te ha comisionado a hacer las obras mayores

EL MILAGRO DE LLUVIA EN EL TRANSKEI, SUDÁFRICA

A la edad de 13 años, durante un campamento de la iglesia, el Señor me dio una visión y una Palabra de que yo iría al África. En la visión, vi un lugar y un pueblo que nunca antes había visto. Escuché una voz que me dijo: "Te estoy preparando para que seas libertadora para Mi pueblo". Luego vi un gran número de caras negras que estaban llorando y llamándome por nombre diciendo, "Clarice, Clarice, ¡ven y ayúdanos! ¡Ven y ayúdanos!" Los rostros se veían con claridad, y luego se iban desapareciendo, pero cada cara y cada voz era sincera y convincente. Yo pregunté:

—¿Quiénes son estas personas, y dónde estoy, y cómo puedo ayudarles? Yo solo soy una jovencita.

La respuesta del Señor fue, —Ésta es una visión para otra etapa de tu vida. Estás en África y las caras que ves representan a las personas que serán salvas durante una de las reformas más grandes del mundo que comenzará en África y se extenderá por todo el mundo. Descansa en Mí, y cuando el tiempo se acerque, Yo enviaré por ti.

Cuarenta años después de esta visión, llegó la hora para el cumplimiento de dicho llamamiento. Recibí una invitación para ir al Centro Cristiano Durban en Durban, Sudáfrica. Mientras que estuve allí, recibí una invitación por parte del rey de la tribu Xhosa para visitar su palacio en el Transkei. Me dijeron que si yo iba, recibiría una audiencia con el rey.

Los Xhosa son la tribu que incluye una serie de "clicks" en su idioma. Es además la tribu en segundo lugar en cuanto a tamaño. El presidente Mandela fue originario de la tribu Xhosa. El Transkei en ese tiempo era sumamente peligroso debido a los muchos disturbios violentos que precedieron a las elecciones demócratas. Porque era necesario manejar por seis horas a través de toda esa región para conocer al rey de los Xhosa, muchos me dijeron: "No eres del sexo correcto, ni el color correcto. Hay guerra en este momento y es un tiempo de lo más terrible en Sudáfrica. No puedes hacerlo".

Permíteme decirte algo: Si Dios te dice que hagas algo, Él abrirá camino para que lo hagas. Hasta te puede hacer invisible delante de tus enemigos. No te preocupes. ¿Yo que tengo que proteger? Yo había recibido una Palabra por parte de Dios y mi deseo era hacer las obras de Dios.

Para hacer este viaje, gasté R6,000 (ZAR -equivalente a 5,150 dólares actuales) para rentar una camioneta. Éramos un equipo de cinco mujeres, todas candidatas improbables para ver al rey de los Xhosa y compartir el amor de Dios.

En esta región, no había llovido por mucho tiempo. Era enero, que era verano para ellos, y el clima era de 116 grados Fahrenheit, (casi 47 grados centígrado), y no había ni una sola nube en el cielo. Mientras viajábamos, observábamos la tierra reseca. No había habido cosecha, y se veían por todo el campo montículos gigantescos de polilla. El pueblo estaba oprimido, y por todos lados había hambre. Todo gritaba, "Opresión, opresión, opresión". Cada centímetros que avanzábamos, yo podía escuchar al Señor decirme: "Toma la tierra, toma la tierra. No te dejes llevar por lo que ves. Llama las cosas que no son como si fueran. Mayor es El que está en ti que el que está en el mundo".

Observé a los habitantes transportar a sus cabras y ovejas atadas en camiones super llenos. Los tenían atados para que no huyeran. El Señor me dijo, "Todo este pueblo ha sido atado pero YO te he dado una espada del Espíritu. Vé y corta sus ataduras. Córtalos para sean libres". Necesitan entender, lo único que Dios necesita es cuerpo de barro. No importa qué clase, qué color, qué tamaño. Simplemente tiene que ser alguien que quiere hacer las obras de Dios. Dios y tú siempre son la mayoría.

> El Señor dijo,
>
> "Todo este pueblo
> ha sido atado pero
> YO te he dado una
> espada del Espíritu.
>
> Vé y corta sus
> ataduras.

Atravesamos por todo el Transkei y llegamos a la puerta del Rey. Recuerda que era 116 grados Fahrenheit. Por lo general mi maquillaje es impecable, pero en esta ocasión yo estaba sudando. Me puse mi maquillaje tres veces, y las tres veces se derritió.

Llegamos al palacio bellísimo e impresionante del rey. Las magníficas puertas talladas tenían 24 pies (7.3 metros) de alto. Se observaba mucho protocolo mientras nos llevaban a otra sala maravillosa donde nos dijeron, "Entrarán el rey y la reina". Estábamos en una rotunda donde el gobernador nos estaba instruyendo acerca del protocolo correcto. Nos habían invitado a venir, pero nunca se habían imaginado que de hecho vendríamos.

¿Sabes que hay personas esperándote que nunca pensaron que verdaderamente irías? Dijiste que irías. Dijiste que irías a la prisión. Dijiste que liberarías a los cautivos pero no fuiste porque no te era conveniente. No seas así. Levántate y di, "Donde tú me guíes yo te seguiré, y lo que tú me des de comer, lo comeré. Haré las obras de Dios".

No debes llegar ante un rey sin un regalo que sea digno de él, así que estábamos preparados con un regalo maravilloso. El asistente del rey nos dijo, "Sea lo que sea que hagas, para nada debes dar la espalda a realeza". Recuerda que estábamos en una rotunda (o sea una sala redonda) y todavía estábamos tratando de determinar quién formaba parte de la realeza. Luego el instructor nos preguntó: "¿Tienen su regalo?" ¡Oh no! En ese momento me di cuenta que habíamos dejado el regalo del rey en la casa donde nos estábamos quedando. Esto era un error muy serio. Entonces escuché al asistente del rey anunciar: "El rey y la reina están listos para recibirlas".

Ellos estaban sentados en sus asientos grandes y reales. Ellos tenían abanicos, pero nosotros no. Estábamos en esta rotunda inmensa y hacía tanto calor. Créanme, hacía CALOOOOR. Había una ventana muy en alto a como de 24 pies, tapada con una pequeña cortina de terciopelo. Si acaso llegaba una brisa, no podía traspasar el terciopelo. Yo estaba tratando de mantener mi dignidad después de acordarme que me había olvidado el regalo. ¿Qué iba a hacer? Recuerda que con Dios, todas las cosas son posibles.

El rey estaba sonriendo y estaba listo para recibir su regalo. Me dije a mí misma, "Siempre actúa como si supieras qué es lo que estás haciendo. Siempre". Llegué delante del rey y le dije, "Su majestad, es un gran honor el que usted nos ha dado al permitirnos venir a su país maravilloso y compartir el Evangelio del Señor Jesucristo, el Hijo del Dios Viviente. Yo he venido a traerle un regalo de lo más maravilloso, un regalo indescriptible".

Le dije al rey, "Mientras manejábamos por su tierra, mi corazón se llenó de gran compasión cuando vi que su ganado padece por falta de agua, que su cosecha se ha secado, y que su pueblo está tan oprimido. Vi que usted necesita agua para esta tierra. Necesita agua espiritual y agua natural. La Biblia primero nos enseña lo natural y luego lo espiritual, ¡y yo he venido para darle el regalo de lluvia!"

El rey se me quedó mirando mientras levanté mis manos, di una palmada fuerte y grité, "¡Lluvia!" Inmediatamente, se escucharon fuertes truenos, llegó un viento tan fuerte que abrió las puertas, relampagueó, y luego llovió sin parar por siete días y noches. El rey exclamó: "¡Tu Dios es nuestro Dios!". Como un resultado maravilloso, él, su familia, y su corte aceptó el cristianismo.

Éstas son las obras maravillosas que Dios nos ha dado a hacer. Sana a los enfermos. Levanta a los muertos. Echa fuera

> Levanté mis manos, aplaudí y grité, "¡Lluvia!" Inmediatamente, se escucharon fuertes truenos, llegó un viento tan fuerte que hasta se abrieron las puertas, hubieron relámpagos y llovió sin parar por siete días y noches.

a los demonios. Multiplica el alimento. Predica las buenas nuevas. Detén al opresor. Dile a esas tormentas, las físicas y las espirituales, "No puedes invadir mi tierra". Respalda todo con la Palabra de Dios. Tienes el poder en el Nombre de Jesús pero tienes que ser fiel en las cosas pequeñas antes de que Dios te dé dominio sobre grandes cosas.

En el 2006, regresé a Sudáfrica para ministrar a varias iglesias. Estuve en el país por un mes y pude disfrutar de la oportunidad de reconectar con muchos de los amigos que me tocó conocer en 1993. Tanto había cambiado en Sudáfrica para el bien.

Tuve la oportunidad de contactarme con el rey de la tribu Xhosa, pero era un rey nuevo y una nueva reina nueva, porque las personas que yo había bendecido habían fallecido. El rey nuevo fue muy amable y pidió tener una reunión conmigo mientras estuve en la región. Él, su esposa y sus dos hermanas vinieron a Johannesburg y tuvimos un tiempo hermoso recordando y orando juntos. Son cristianos maravillosos.

Cuánta diferencia pueden hacer 21 años en tu vida. Usa tus años sabiamente.

Capítulo 12

Eres una palabra enviada por Dios

MILAGRO DE LLUVIA EN
QUEENSLAND, AUSTRALIA

En Mayo de 2009, me llevé a un equipo a Australia para alcanzar y ministrar a los residentes de los Blue Mountains (Montañas Azules), que es una región grande y rural de comunidades y pequeños pueblos al oeste de Sydney. A través de la semana, hubieron quince reuniones más en Lawson, Falconbridge, Menai, y áreas circunvecinas.

Un momento milagroso y memorable fue una reunión y plática con una pareja de Queensland mientras que estábamos esperando que el taxi acuático nos llevara a la ciudad central. Platicamos con ellos y les contamos por qué estábamos en Australia. Me pidieron que yo orara por ellos y les pregunté si había alguna necesidad específica en sus vidas. Me pidieron que por favor orara que se acabara la sequía de once años que había afectado grandemente a toda la región de Queensland. Yo le aseguré a la pareja que, por declaración de fe, la sequía ya se había acabado.

Estábamos en el taxi acuático. Oré al aire libre, con profunda convicción de que las lluvias inmediatamente regresarían a Queensland. Declaré a la región y a las personas presentes que ya no habría más sequía. La pareja sonrió y dijeron, "Pues es nuestro anhelo que así sea". Sonreí y dije, "Lloverá. Ya se ha acabado la sequía".

Dos días después, el 21 de mayo, el periódico de Sydney, *The Sydney Morning Herald*, reportó lo siguiente: "La Agencia de Meteorología informó que en las 24 horas hasta las 7 pm, el distrito recibió 59 mm de lluvia, y que los niveles combinados de las presas de Brisbane habían aumentado del 8.22 por ciento al 67.5 por ciento de capacidad, los niveles más altos desde 2002. La lluvia en las últimas 24 horas agregó abasto para 8.5 meses al sistema (AAP)".

A raíz de este aguacero y sus resultados, el Gobierno del Estado declaró oficialmente que la sequía ya había terminado. Era la mayor cantidad de lluvia para el mes de mayo registrada en la historia.

Que se alerte a toda la tierra que Jesucristo es el Señor. Decretamos a las naciones de la tierra que la revelación de que Jesús es el Hijo de Dios fue concebido por el poder del Espíritu Santo. Nació de una virgen llamada María y por todo pecado, pasado, presente, y futuro. Él murió, pero al tercer día, el Espíritu

Santo, el Señor y el Dador de la Vida, ¡levantó a Jesús de los muertos!

Ese mismo Espíritu que levantó a Jesús el Hijo de Dios, el Dios Hombre, ese mismo Espíritu, está en mí. No soy una imitación. Que toda la información natural se incline a la revelación sobrenatural de la obra terminada. Yo creo que Jesús derrotó al infierno, la muerte y la tumba. Yo creo que Él ha llevado cautivo a la cautividad. Yo creo que Él se llevó todas las llaves. No creo que tuvo que pelear por ellas. Yo creo que satanás inmediatamente se rindió al poder de Cristo.

Jesús dijo, "Como el Padre me ha enviado, yo te envío".

> Como un creyente que ha nacido de nuevo, estás equipado con toda bendición espiritual. Eres una Palabra enviada por Dios. Tu ADN, tu Actitud de Divina Naturaleza, se ha desatado.

Como un creyente que ha nacido de nuevo, estás equipado con toda bendición espiritual. Mira dentro de la Palabra de Dios. Eres una Palabra enviada por Dios. Tu ADN, tu Actitud de Divina Naturaleza, se ha desatado. Tú no eres limosnero ni tienes que estar continuamente rogando. Jesús ha ido al Padre pero ha enviado al Espíritu Santo para que te revele Cristo y te conforme a la imagen del amado Hijo de Dios. Yo desato la revelación de que este mismo Jesús vendrá nuevamente en gloria para juzgar a los vivos y los muertos y que nunca habrá fin a su Reino. ¡Amén!

[1] www.bom.gov.au/qld/flood/fld_reports/se_qld_may_2009.pdf; (www.smh.com.au).

Capítulo 13

Dios ya te ha dado la victoria

Sucedió un domingo por la mañana en febrero. Era un día muy hermoso, pero frío. Mi esposo George estaba de viaje, ministrando en Texas, y yo me estaba preparando para ir a misa con nuestros dos hijos más chicos.

Debra, Becky y Trey habían asistido a misa el sábado, así que se iban a quedar en casa. Nuestro hijo Trey, siendo que era nuestro único varón, era un jovencito muy curioso y enfrentaba cada día con un espíritu de entusiasmo y aventura. Instruí a mis hijos (Debra tenía 17 años, Becky, 15, y Trey, 13,), que asearan sus habitaciones, se vistieran, y que estuvieran listos para salir a almorzar a las 11.30 a.m. Dirigí mi mirada hacia Trey y le di una mirada intensa "de mamá". Le dije, "Trey, Debra es la responsable mientras estoy afuera. Hace demasiado frío para que salgas al aire. No voy a estar por una hora y media y cuando regrese, todos saldremos a almorzar. ¿Entiendes el plan?" Mientras yo le hablaba, él estaba mirando por la ventana y el sol brillaba sobre su pelo rizado rojo, pero me indicó con la cabeza que sí entendía. Sonreí y le dije, "Te estoy poniendo en las manos de Dios". Le di un beso al despedirme. La Escritura en el Salmo 138:8 siempre ha sido una palabra rema – la voz de Dios a mi corazón: "El Señor cumplirá su propósito en mí". Guau, ¡qué promesa!

Mientras estaba en la iglesia, el sacerdote, el Padre Bordelon, me pidió que ayudara a diseñar y redecorar la sala de reconciliación (anteriormente llamado el confesional). Accedí y le pregunté si podía hablar con él después del servicio para considerar el plan y el presupuesto para el proyecto. Le dije que solo contaba con 15 minutos porque tenía planes de reunirme con todos mis hijos para salir a almorzar. Esto era en los tiempos a.de C. (antes de los celulares). Encontré un teléfono y hablé a casa pero nadie contestó. Para nada se me ocurrió que algo malo pudiera haber ocurrido. El Padre Bordelon y yo concluimos nuestra reunión, y ahora yo tenía 25 minutos de retraso.

Hablé a casa otra vez, pero tampoco contestaron. Yo sabía que Debra tenía su propio auto y mi tarjeta de crédito, y que era perfectamente capaz de tomar decisiones ejecutivas, especialmente si todos tenían hambre y ya estaban listos para salir. Yo estaba en total paz. Ya para entonces no hacía tanto frío, y era un día muy agradable. Cuando tienes cinco hijos, es desafiante encontrar tiempo de calidad. Con ese pensamiento, les dije a mis dos niñas que me acompañaban: "Vámonos a almorzar y luego las tres iremos al cine y veremos Mary Poppins". Las niñas estaban súper emocionadas, y yo también.

Salimos del cine alrededor de las 4.00 de la tarde, y fuimos a comer helados. Otra vez. llamé a casa. Esta vez Debra contestó con voz llena de pánico. "Mamá, ¿dónde estás?" Sin esperar que le contestara, ella siguió: "Trey ha sufrido un accidente terrible. Se quemó con ácido de batería y tiene quemaduras de segundo y tercer grado en su cara, pecho y brazos. Está en el hospital en cuidados intensivos. Yo no te podía encontrar, Papi está fuera de la ciudad, y nuestra abuela está en el hospital. Por favor, ¡ya ven a casa!"

Sus palabras estaban llenas de temor y dolor. La escuché con toda mi atención y le aseguré que todo estaba bien. Una paz sobrenatural llenó mi mente y cuerpo. Solo podía pensar en la promesa del Salmo 138:8: "El Señor cumplirá su propósito en mí". Inmediatamente me dirigí al hospital, pero no estaba preparada para lo que vi y escuché.

Mi querido hijito estaba acostado de espaldas. Su cara, brazos y pecho estaban vendados. Solo sus ojos y su boca estaban visibles. Veía colgados tubos con líquidos y medicinas intravenosas, las cuales fluían a través de agujas que estaban colocados estratégicamente en las partes de su cuerpo donde no había quemaduras. Yo todavía no había escuchado cómo había ocurrido este accidente terrible. Como si no fuera suficiente, vi un montón de ropa enlodada y manchada con sangre tirada en un rincón del cuarto. La camisa gruesa de invierno estaba totalmente agujereada a causa del ácido que la había carcomido, llegando así hasta el la piel de Trey para quemarla. Los pantalones también estaban hechos tiritas, y sus zapatos deportivos de suela gruesa y calcetines parecían haberse derretido.

Estos hechos estaban luchando violentamente contra mi fe.

El Dr. Tom Payton, además de ser el médico de la sala de urgencias, era un amigo personal con fe profunda en Dios. Él dijo, "Clarice, Trey se ha quemado con ácido de batería y tiene quemaduras de segundo y tercer grado. No sabemos cómo va a afectar su visión. Él estaba caminando por la calle y descubrió un contenedor sellado y no sabía qué es lo que contenía adentro. Alguien había descartado el ácido en ese contenedor sellado. Trey lo vio, lo golpeó con un palo, y explotó sobre su cara, pecho y brazos. Cuando ácido de batería entra en contacto con la piel, tiene el efecto de miles de agujas penetrantes que pueden quemar en diferentes grados. Su camisa gruesa de invierno y sus pantalones pudieron proteger un poco su cuerpo, Demos gracias a Dios que era un día frío".

El Dr.Payton siguió explicándome que cuando Trey recibió la explosión de ácido, estaba en tanta agonía que corrió a una zanja con agua allí cerca y se echó agua y lodo. "Cuando hizo eso, impactó el área de las quemaduras con lodo y escombros. No podemos limpiar sus heridas de manera efectiva, porque dañará aun más a sus quemaduras". El pronóstico no era bueno. El Dr. Payton me dijo que una de sus preocupaciones más serias era que Trey pudiera padecer de infecciones secundarias y posiblemente neumonía. Lo único que los médicos podían hacer era esperar y ver.

Mi suegra era una mujer de fe increíble. Después de escuchar el reporte del médico, ella dijo, "Pues bien, Doc, parece que usted ha hecho todo lo que puede de su parte, así que ahora nos toca hacer lo que es nuestra parte. Hay otro médico que está interviniendo en este caso, y Él tiene otra opinión". Ella volteó y me miró a mí y me dijo, con una sonrisa, "Llevemos a Trey a casa y creamos a Dios por total restauración".

Al escuchar la voz de mi suegra, supe que estaba dando una palabra de parte de Dios. El Dr. Payton dijo, "Como médico, yo no puedo aprobar la decisión que han tomado, pero como hombre de Dios, yo escojo estar de acuerdo por un milagro para Trey".

Con mucho cuidado, nos llevamos a nuestro pequeño –nuestra preciosa "momia" – a casa, y lo colocamos en la cama. Él apenas podía hablar, pero entendí las palabras que murmulló, "Mami, perdóname".

Reuní a mis hijas y a su abuela en la recámara de Trey para que oráramos por él. Le dije a Trey que satanás es un mentiroso derrotado y el padre de rebelión. Le expliqué que si no podía honrar las instrucciones de sus padres, estaba invitando al enemigo a tenderle trampa. Pero, las buenas nuevas son que Jesús ha derrotado a Satanás y como hijos de Dios, tenemos el privilegio de confesar nuestros pecados, recibir perdón, y ser candidatos para la gracia, el favor, y la sanidad de Dios.

Inmediatamente Trey dijo, "Mamá, te desobedecí y sé que eso está mal. Por favor perdóname y ora por mí". La presencia del Señor llenó nuestro hogar. Gratitud, esperanza, amor y fe fluían como un río. Oré por Trey y lo ungí con aceite. Le dije que la fe viene a nosotros cuando oímos la Palabra de Dios. Recientemente yo había escuchado a una dama llamada Betty Baxter. Betty había nacido lisiada y deforme. Jesús se le apareció y la sanó totalmente. Ella se convirtió en una evangelista conocida por todo el mundo, y su historia asombrosa del poder sanador milagroso de Dios ha tocado y transformado a millones de vidas.

Toda la familia nos pusimos a escuchar nuevamente la historia de Betty Baxter. Al terminar, Trey preguntó, —Mamá, ¿crees que eso realmente sucedió?

—Sí, sí lo creo, —le respondí.

Trey entonces se bajó de la cama y empezó a quitarse las vendas. Su piel ampollada colgaba como globos llenos de agua. Las muchachas comenzaron a llorar, diciéndole que no lo hiciera. Él me miró a mí y dijo, —Si Dios hizo eso para Betty Baxter, lo hará por mí. —Salió del cuarto y dijo—. Me voy a tomar un baño.

Las muchachas se pusieron histéricas, y creían que yo era totalmente irresponsable al no intervenir. Les dije, "Hijas, confiemos en Dios en cuanto a Trey".

Me fui a la cocina y comencé a preparar la cena. Como 15 minutos habían pasado cuando escuché a Becky gritar: "¡Mamá! ¡Mamá! Ven a ver a Trey". Salí corriendo de la cocina, y allí estaba Trey. Tenía ambas manos sobre sus caderas y allí estaba parado con una sonrisa de par en par. Sus rizos rojos enmarcaban su cara totalmente limpia de cicatrices o quemaduras. Su visión estaba perfecta. Sus brazos y pecho no tenían seña de quemaduras o irritación. Miré mi reloj. Eran las 7:07 pm. Solo ocho horas antes, él había estado lleno de quemaduras, cegado, y en terrible dolor. Oh, ¡cuán poderoso es el Dios que servimos!

Este evento asombroso es solo una de las miles de historias transformadoras que he

> Su cara estaba limpia de cicatrices o quemaduras. Su visión estaba perfecta. Sus brazos y pecho no tenían seña de quemaduras o irritación. Solo ocho horas antes, él estaba lleno de quemaduras, cegado, y en terrible dolor. ¡Cuán poderoso es el que Dios que servimos!

experimentado cuando Dios ha intervenido en nuestras vidas.

Más tarde esa noche regresó mi esposo George de su viaje ministerial en Texas, y explotaba con testimonios asombrosos de cómo Dios se había movido tan soberanamente durante sus reuniones. Toda la familia estaba esperando para contarle nuestra "Historia acerca de Trey". Le dije, —Te quiero mostrar algo. — Le mostré la camisa, los pantalones y los zapatos que se habían destruido a causa del ácido de batería.

George, tan sorprendido que casi ni podía respirar preguntó: —¿Cómo ocurrió semejante cosa?

Mis hijas no podían dejar de contarle a su papá cuán asombroso Dios es. Trey estaba disfrutando del favor de Dios.

Trey ahora es adulto, casado y tiene dos hermosos hijos. Él siempre vence obstáculos y tiene testimonios asombrosos que edifican la fe de cualquier persona. Él nos cuenta esta historia asombrosa: Dice que cuando estaba en la zanja de agua gritando con dolor, un hombre apareció, lo levantó y lo sacó de la zanja, y corrió tres cuadras cargando a este muchacho de trece años aterrorizado. Lo llevó a casa, y le dijo a Debra que lo llevara al hospital. No tenemos la menor idea quien era este hombre fuerte y amable, ni de donde vino, ese día frío de invierno. Nunca hemos vuelto a saber de él.

Gracias sean dadas a Dios quien siempre nos lleva a la victoria.

¿Quién hará las obras de Dios? ¿Quién desea decir, "Aquí estoy en el ejército de Dios". No importa lo que tengas que vencer, Dios ya te ha dado la victoria. Experimentarás tiempos y temporadas que se verán oscuras, pero la Palabra de Dios dice, "No ores a la montaña. Dile, 'Muévete, y échate al mar'".

Yo decreto las bendiciones de Dios sobre aquellos que tienen oídos para oír, aquellos que tienen el favor de temer a Dios, no temor de lo que las personas puedan pensar, no temor de lo que el hombre pueda decir, no temor de lo que puedan hacer mal. Te desato con una voz apostólica profética para hacer proezas, y para que digas, "En cuanto a mí y mi casa, serviremos al Señor", No necesitas decir, "Hazme algo". Necesitas orar, "Haz algo a través de mí".

La Palabra de Dios tiene poder para hacer aquello para lo que fue enviado.

La Palabra de Dios nos enseña que Dios ha derrotado a todo enemigo. La guerra se ha ganado mientras que las batallas de la vida siguen. Estás caminando por el valle de sombra de muerte (solo es una sombra) pero puedes tener todo lo que digas, sea bueno o malo. La fe es como un músculo. Si no la usas, la pierdes. Tienes que tomar una determinación. Profetiza a tus circunstancias y diles que tienen que inclinarse ante las promesas que Dios ha pactado.

Capítulo 14

Dios te permitirá creer lo que necesitas creer a fin de llevarte a donde te quiere llevar

*M*e invitaron a ministrar a un simposio internacional de adoración en Singapur. Mi asignación era enseñar por cinco días durante las sesiones de 10.00 a.m. a 12.00 p.m. El conferencista principal cada noche era el brillante y ungido Steve Fry. Él recientemente había publicado su álbum "Venga tu Reino".

El equipo para este evento masivo era grande y variado. Había equipos A, B, y C, y era muy obvio quiénes pertenecían a los diferentes equipos. A los invitados del equipo A los habían alojado en un hermoso hotel de cinco estrellas con spa. Los que pertenecían al equipo B se estaban quedando en un hotel de dos estrellas. Y los del equipo C se estaban quedando en los dormitorios de la Y.M.C.A. Cada uno tenía un cuarto pequeño sin aire acondicionado ni abanico, y dos camitas gemelas con colchones de plástico. En el piso de abajo había un restaurante McDonalds muy popular que permanecía abierto las 24 horas. El aroma de carne frita continuamente infiltraba la atmósfera. Además, durante el verano, Singapur es muy caluroso. Sí, lo presintieron. Yo estaba en el equipo C.

Algo que he aprendido acerca de Dos es que Él hace trampas de cuando en cuando - te permite creer lo que necesitas creer a fin de que llegues a donde Él te quiere llevar. Yo me estaba comenzando a sentir menospreciada, atrapada en una situación desagradable, en medio del calor de 112 grados Fahrenheit (más de 44 grados centígrado) en el calor húmedo de la selva.

Pero escogí poner una cara agradable y hacer lo mejor de la situación. Fui a mi salón de clase, y ante mi asombro, cientos de personas estaban haciendo línea para entrar a un cuarto preparado para como 60. El coordinador de eventos estaba trasladando al orador principal de la mañana a mi salón, para que yo pudiera ocupar el auditorio grande. (Toma nota: Esa no es la manera de adquirir amistades del Equipo A). Compartí del libro de Cantares y el llamado a ser adoradores más allá del velo. El Señor me favoreció, y la clase fue exitosa.

Un bello matrimonio joven, Frankie y Julie, pidieron hablar conmigo después de la sesión. Ellos eran los líderes del departamento de artes visuales de la muy conocida Iglesia "His Sanctuary" (Su Santuario). Su obispo era Rodrick Tay. Ellos le habían hablado por teléfono y le contaron acerca de mi clase. El obispo Tay les pidió que hicieran arreglos para que yo pudiera tener una junta con él.

Les expresé mi gratitud, pero les hice saber que como yo no tenía transportación, no me sería posible. Frankie inmediatamente me dijo que el Obispo Tay se había tomado la libertad de enviar una limosina para llevarme a la reunión. Ya con curiosidad, dije que sí.

Al llegar a la Iglesia Su Santuario, el chofer amablemente me llevó al área grande y elegante de recepción. El obispo Tay era un hombre de raza china alto y delgado, en sus 40s. Estaba vestido elegantemente de pies a cabeza. Su pelo negro estaba perfectamente peinado. Estaba parado derecho, y no habló hasta estar directamente en frente de mí, y luego se inclinó. Con lágrimas en sus ojos dijo, "Querida profetiza de Dios, tenga misericordia de nuestra ceguera y perdone la insensibilidad de las personas por no reconocer que usted es un regalo que Dios nos ha enviado. Favor de sentirse bienvenida como una dignataria real y permítame el privilegio de acomodarla a usted y a su equipo en el mejor hotel de Singapur. Permítame atenderle en cada una de sus necesidades". Yo estaba atónita. Nunca antes había sido tan honrada. No es necesario decirles que el Obispo Tay y su hermosa esposa Salley llegaron a ser mis muy queridos amigos.

Cuando volví al dormitorio del Y.M.C.A. me encontré con los demás del equipo C. Empacamos, y todos nos fuimos a quedar en el prestigioso y hermoso Hotel Mandolin Bay.

El obispo Tay recientemente había completado un edificio nuevo, y había invitado a la Dra. Daisy Osborn a dedicar el edificio. También me invitó a mí a ministrar en esta gran celebración.

Todos los dignatarios del área habían aceptado su invitación a este gran evento. La iglesia local había trabajado incansablemente día y noche preparando para el gran día.

Si no has escuchado acerca de la Dra. Daisy y su esposo el Dr. T.L Osborn, permíteme explicar cuán grandes gigantes espirituales son. Fueron misioneras al África y medían sus congregaciones por hectáreas. Algunos de los milagros más asombrosos de sanidad bajo su ministerio se han reportado y certificado. Millones llegaron a conocer a Dios a través de sus explosiones del poder de Dios.

La Dra. Daisy era una dínamo diminuta y pelirroja. Ella caminaba y hablaba con autoridad asombrosa y yo estaba extremadamente emocionada de tener la oportunidad de conocerla y de ministrar junto a ella. Yo había leído todos los libros de los Osborn. Habían cambiado mi vida y me prepararon para una vida de milagros.

Recuerdo vívidamente el día que ella llegó a Singapur. Yo estaba con el obispo y estábamos esperando en el vestíbulo del hotel para su gran llegada. Cuando la vi, inmediatamente me percaté de la presencia de Dios que la rodeaba. Ella estaba vestida exquisitamente y tenía la apariencia de realeza, que en verdad era.

El obispo la saludó con mucha fineza y luego nos presentó. Sin pensarlo, inmediatamente le dije, —Oh, Miss Daisy, estoy tan bendecida de conocerla, y estoy con mucha expectación en cuanto a lo que pueda aprender de usted. —Yo era como una niña de seis años que estaba comiendo helado por primera vez.

La Dra. Daisy sonrió cortésmente e inmediatamente me dio algo de su sabiduría. Sus ojos azules penetrantes me miraron fijamente y luego me dijo, —Querida mujer joven, debes saber

> Sus ojos azules penetrantes me miraron fijamente y luego me dijo, "Querida mujer joven, debes saber esto: Tienes que aprender a liderar en la vida, seguir en la vida, o no estorbar en la vida; y Dios mío, ¡cámbiate de peinado!"

esto: Tienes que aprender a liderar en la vida, seguir en la vida, o no estorbar en la vida; y Dios mío, ¡cámbiate de peinado!

No me sentí ofendida; todo lo contrario, sentí que sus palabras me dieron nuevo poder. Ella me cortó con su espada láser profética, y esos espíritus religiosos que me habían tenido atada a las tradiciones que me habían dicho que me necesitaba ver peculiar, nunca a la moda, y siempre a 10 pasos detrás de cualquier hombre y llamar eso sumisión en vez de indignidad, fueron cortados y eliminados para siempre.

Inmediatamente supe que yo escogía liderar, así que escuché su corazón y me conseguí un corte y peinado muy a la moda ese mismo día. Nunca miré hacia atrás.

La Dra. Daisy impartió el entendimiento de que, en Cristo, no hay varón ni hembra. Ella desde entonces ha ido por su recompensa divina, pero sé que ella se sentiría orgullosa de mí ahora. Yo no sabía que ésta sería uno de sus últimos viajes de ministerio. Ella estaba luchando contra cáncer en la cuarta etapa pero uno nunca se lo hubiera imaginado al ver y escucharla.

Los Osborn tenían una reputación asombrosa por toda Asia. Su ministerio de sanidad y liberación había impactado todo el medio Oriente. Miles vinieron a la reunión. Los enfermos, los cojos y los necesitados estaban por todas partes. Yo me sentía tan bendecida de estar en esa gran reunión.

Nunca permitas que te vean sudar

La Dra. Daisy se subió a la plataforma. Exhortó a la multitud, desató unción de milagros, y le dijo a todos que se prepararan para un derrame sin precedente de milagros de sanidad. Los músicos y los cantantes estaban alabando, las multitudes estaba palmeando y exaltando a Dios a viva voz, y yo estaba llorando abiertamente, absorbiendo todo lo que estaba sucediendo. La Dra. Daisy extendió sus manos a la multitud y dijo, "Toda persona que quiera un milagro, pase adelante". Toda la audiencia comenzó a empujar, tratando de llegar al altar.

Ella aquietó a las personas y anunció que Dios había traído a un gran profeta de sanidad de los Estados Unidos para orar por cada persona. Esa profeta estaba allí para imponer manos y orar por todos los enfermos. No tenía idea de quién estaba hablando, pero yo también me quería poner en fila para recibir.

"Damas y caballeros, les quiero presentar a la profetiza Clarice Fluitt de los Estados Unidos, ¡el agente de Dios para milagros!" Yo era la persona menos preparada y más sorprendida en el lugar, y estaba lista para correr al altar para que oraran por mí. "Venga y encárguese de la reunión, profetiza Clarice," dijo ella. Las multitudes comenzaron a aplaudir mientras yo pasaba a la plataforma y me acordé de lo que me había dicho ese anciano profeta Bob Buse: "Nunca permitas que nadie te vea sudar y actúa como si supieras qué estás haciendo. De eso se trata la fe".

Con gran autoridad, tomé el micrófono y la Dra. Daisy se fue a su hotel. Entonces yo comencé a activar a otros ministros en liderazgo para comenzar a orar junto conmigo, hasta que llegamos a tener un ministerio corporativo extraordinario. Por las próximas cinco hora, tomaron lugar grandes sanidades y milagros. Yo seguía escuchando a la Dra. Daisy decir: "¡Liderea, sigue, o muévete!".

Gran oportunidad siempre viaja con el temor, la duda y el riesgo. Aprende a empujar hasta llegar, porque la victoria es dulce.

Al abandonar el edificio después de la reunión, ya había personas formándose para la próxima reunión. La gran celebración para dedicar el nuevo santuario había de empezar a las 10:a.m. Yo estaba exhausta después de la reunión y regresé a mi cuarto como a las 2:00 a.m.

A las 6:30 a.m. sonó mi teléfono y el obispo Tay apenas podía hablar. —Profetiza, tengo laringitis, la Dra. Daisy está enferma, mi director de alabanza ha perdido su voz, y el maestro de ceremonias tiene un virus. ¡Ayúdenos!

—Obispo, —le dije—, ¿Qué quiere que haga?

Él respondió: —Quiero que sea la maestra de ceremonias de todo el evento; que presente a los dignatarios, que dirija la adoración, que predique el mensaje de dedicación, que reciba la ofrenda, haga el llamado al altar, y que ore por la salvación y la sanidad de las personas. Éste será la multitud más grande que hemos tenido hasta la fecha en Su Santuario. ¡Usted tiene que ayudarme!

Nunca me he sentido tan desafiada. Caí sobre mi rostro y comencé a declarar la Palabra de Dios sobre mí, —Gracias sean dadas a Dios quien me lleva de triunfo en triunfo". Yo sabía que yo no podía hacer esto en mi fuerza humana. Llegué a la iglesia a las 8:30 a.m. El obispo me susurró instrucciones muy específicas y me dio una lista de nombres asiáticas que solo Dios podía pronunciar. Me reuní con los músicos y ORAMOS. Me reuní con el departamento de artes, y ORAMOS.

La iglesia estaba totalmente llena adentro y afuera, con solo lugar para pararse, ya para las 9:08 a.m. Todos estaban esperando ver a la Dra. Daisy, así que el lugar estaba cargado con fe.

Pronto para las 10.00 a.m. los músicos ungidos comenzaron a tocar, y comenzaron los danzantes, en sus trajes magníficos y estandartes brillantes. El obispo Tay, su esposa Salley, y su servidora pasaron a la plataforma al sonido de una multitud que celebraba eufóricamente, lista para alabar a Dios. No había necesidad de hablar, así que todos nos rendimos al espíritu de alabanza y adoración sin límites. El Espíritu se encargó de toda la reunión. Grandes milagros de sanidad ocurrieron; desaparecieron bocios, las personas abandonaron sus sillas de ruedas, manos artríticas se abrieron, demonios tuvieron que huir, y personas fueron salvas y bautizadas en el Espíritu Santo por cientos. La atmósfera estaba cargada con la dimensión de lo milagroso.

Fue una dedicación sumamente exitosa. Verdaderamente aprendí que con Dios todas las cosas son posibles. Se espera que hagamos planes, pero Dios siempre tiene Su propósito.

> Grandes milagros de sanidad ocurrieron; desaparecieron bocios, las personas abandonaron sus sillas de ruedas, manos artríticas se abrieron, demonios tuvieron que huir. La atmósfera estaba cargada con la dimensión milagrosa.

Capítulo 15

Los campeones viven de manera diferente que las personas ordinarias

JOHOR BAHRU

Mientras estaba en Singapur, me empezó a entrar nostalgia por mi casa. Había estado fuera ministrando por más de dos meses. Cuando estás lejos de casa por un tiempo largo, y nada te es conocido, te empiezas a preguntar si en verdad algo se está logrando. ¿Alguna vez has sentido que has hecho esto y aquello y aquello y aquello, pero te preguntas si realmente has logrado algo? ¿Mi vida cuenta algo o simplemente estoy dando vueltas sin llegar a ningún lado? ¿Estoy haciendo una diferencia?

¿Estoy viendo que algo verdaderamente está ocurriendo? Yo estaba necesitando algunas palabras de ánimo.

Viajé a la ciudad llamada Johor Bahru, que no está muy lejos de Singapur, en el país de Malasia, donde estábamos teniendo una reunión. Había persona que hablaban el idioma de Malasia, el idioma chino, y tamil. Yo tenía a tres intérpretes. Yo decía "Buenas noches," y después de que cada uno de los tres intérpretes hablaran, me tocaba a mí hablar otra vez. Pero ya para cuando me tocaba otra vez, me había olvidado de lo que seguía decir después de buenas noches. Todo el proceso era frustrante. Finalmente les dije a los intérpetes, "Simplemente haga un llamado para que las personas vengan al altar, y oremos".

Yo oraba, aunque las personas no sabían qué era lo que yo estaba diciendo. Seguía orando por ellos, y se sanaban y caían bajo el poder de Dios. Habían muchos hindúes. Estaba una joven obviamente budista. Oré por ella, y ella me miró con una gran sonrisa. Ella hablaba un poco de inglés, pero era muy difícil entenderla. Oré y ella dijo algo, pero lo único que pude entender fue algo como, "Mi nombre es Mae Bu".

La reunión estaba sucediendo en un lugar donde había alcantarillas abiertas. Humos horribles entraban en esta habitación calurosa y repleta de gente, con solo un pequeño ventilador para combatir la temperatura en el interior de 112 grados Fahrenheit (más de 44 grados centígrado). No era lo que yo llamaría agradable, pero estaba allí obediente a hacer lo mejor que podía.

Volví a mi cuarto esa noche exhausta y extrañando a mi familia y pregunté, "¿Señor, en verdad algo está ocurriendo en estas reuniones?"

De Johor Bahru me dirigí a Kuala Lumpur para encontrarme con Daisy Osborn. Íbamos a hacer otra reunión juntas. Ella era bella, dulce, y muy ungida. Yo sabía que ella estaba batallando contra el cáncer, pero seguía adelante sin parar. Era una campeona.

Los campeones viven de manera diferente que las demás personas. Puede que sientas que estás viviendo en el valle, pero no tienes que llevar a las demás personas al valle contigo.

Me estaba alistando para ir a la reunión mientras contemplaba el hecho de que estaba lejos de mi familia y de las personas que me aman. Me estaba sintiendo la sufrida.

El teléfono sonó. Una joven dulce me preguntó, —¿Usted Clarice Fluitt?

Le contesté que sí, y luego ella siguió: —Mi nombre Mae Bu. Usted oró por mí. El Espíritu del Dios viviente sobre mí. Yo budista. Jesús se me apareció. Yo recibí a Jesús como mi Señor y Salvador.

—Alabado sea Dios, Mae Bu, —le contesté.

Ella me siguió contando, —Usted debe saber. Yo mujer loca. Tuve una crisis nerviosa. Yo antes una gran pianista, pero anoche, Jesucristo apareció y me sanó. Mi mente ha regresado.

—Eso es maravilloso, Mae Bu, —le contesté.

Ella dijo, —Regreso a mi escuela. Los estudiantes vienen y dicen, "Oh, señorita Bu, ¿qué le ha sucedido?" Yo les contesto, "Yo voy a reunión. Mujer profeta pone mano. Jesús apareció. Yo recibí a Jesús en mi corazón. Él me sanó". Todos mis alumnos dicen, "Queremos a Jesús".

De repente, ya me estaba sintiendo mucho mejor en esta

tierra lejana. Mae Bu siguió, —Mi tío, sacerdote budista. Está muy enfermo. Yo fui a verlo. Él me mira y dice, "Mae Bu, ¿qué ha sucedido contigo?'" Yo le contesto, "Yo voy con mujer profeta. Ella me pone mano. Jesús entra a mi corazón, me salva, sana mi mente". Él dice, "Yo quiero Jesús ahora'. Mi tío sacerdote budista".

—Oh, Mae Bu, gracias, gracias por llamarme y animarme tanto —le dije.

Ella me contestó: —No llamo para animarle. Mujer, Mae Ling, en hospital. Ella muere. Ella tiene cáncer del cerebro. Yo le cuento acerca de usted. Ella dijo, "Oh, ¿cree que ella pueda orar por mí'?" Ella me dijo que le diera a usted su número de teléfono. Llame al hospital.

Ya para entonces yo me sentía como Clark Kent (Superman) en busca de una caseta de teléfono. Llamé al hospital y dije, — Deseo hablar con Mae Ling.

Ellos me contestaron, —Oh, no es posible. Ella está muy enferma; está por morirse.

Yo les contesté: —Mi nombre es Clarice Fluitt. Vengo de los Estados Unidos de América, y he sido enviada por parte del Dios altísimo y soberano, a venir a este país para hablar con Mae Ling.

La persona en la línea contestó: —La conectamos con Mae Ling ahora mismo.

—Esta es Mae Ling, diga.

Yo entonces dije, —En la autoridad del nombre de Jesucristo, te declaro sana. —Mae Ling contestó: —Yo creo.

Su respuesta me emocionó mucho. Yo ya estaba lista para la reunión de la noche.

> Cuando terminó el día, Mae Ling estaba sana, sus hijitos salvos, y los sacerdotes confesaron a Jesús como su Señor y Salvador.

Esa noche fui a la reunión y había miles de personas allí. Mientras les contaba la historia, había tres sacerdotes budistas en sus túnicas color azafrán que habían venido a la reunión, trayendo a los hijitos de Mae Ling para que ellos también fueran salvos. Cuando terminó el día, Mae Ling había sido sanada, sus hijitos salvos, y los sacerdotes confesaron a Jesús como su Señor y Salvador.

Nunca dude del poder de la oración a nuestro asombroso y amoroso Dios. Escoja ser un campeón que está dispuesto a hacer todo lo necesario aun cuando tu mente y cuerpo se estén quejando.

Capítulo 16

Dios tiene un plan

Yo estaba en Manila para dirigir un servicio de adoración para una cruzada de Benny Hinn. Estábamos teniendo un tiempo maravilloso. Dos líderes de nuestras reuniones habían viajado a Hong Kong para hablar con una bella mujer que tenía un negocio llamado Club Bravo. Su intención era invitarla a venir a uno de los servicios de milagros en Manila. Ella venía de las Filipinas y era la dueña de un negocio en Hong Kong - un "club social" para caballeros.

Miles de jóvenes filipinas atractivas se habían ido a vivir a Hong Kong para convertirse en "acompañantes" porque tenían que sostener económicamente a los miembros de sus familias. Esta ocupación antigua proveía alimentos y casa para sus familias. Habían muchas personas hambrientas.

Unas cinco o seis damas asistieron a las reuniones, junto con la mujer principal y encargada, llamada Cora. Eran jóvenes muy bellas, vestidas como muñecas. La reunión comenzó y el ministro invitó a las damas de Hong Kong a que pasaran a la plataforma. Él no les explicó por qué, simplemente les hizo la invitación. Cuando pasaron adelante, él aventó su saco para que cayera sobre ellas y les dijo, "Reciban a Jesús. Las absuelvo de sus pecados". Yo me preguntaba, '¿Puede él hacer eso?"

Yo estaba sentada en la plataforma, pensando, "Él está descontrolando mi teología". Las mujeres habían caído bajo el poder del Espíritu Santo cuando Él les había aventado su saco. Ahora se estaban tratando de levantar, cuando él una vez más les aventó su saco y dijo, "Reciban el bautismo del Espíritu Santo". Yo estaba pensando, "Ni siquiera les has hablado acerca del pecado. No puedes lograr que las personas se salven a menos que les hables acerca del pecado. Eso es solo una emoción." Lo próximo que escuché fueron voces hablando una nueva lengua de oración, que salían de las damas de Hong Kong.

Después de la reunión los que formábamos parte del equipo pasamos a la sala especial que tenían para nosotros en los bastidores. Parecía un zoológico, con una gran variedad de personajes reconocidas e importantes—obispos, pastores, ministros, gobernadores. Estábamos disfrutando mucho el tiempo, hablando acerca de todas las cosas maravillosas y asombrosas que estaban ocurriendo en las reuniones de sanidad.

De repente, esta mujer tan hermosa, Cora, entró a donde estábamos; lágrimas mezcladas con mascarilla corrían por su rostro. Nos dijo, "¡Oigan! Ahora que tengo a Jesús en mi corazón, ¿como se supone que me voy a ganar la vida?"

El obispo de Singapur me miró y me dijo, —Ah, pastora Clarice, usted vaya a Hong Kong. Comience una iglesia.

Yo contesté: —No creo.

Él replicó: —Oh sí, es un trabajo para mujer. Usted vaya y comience una iglesia, y luego yo les envío un pastor.

En fín, al siguiente día abordé un avión para Hong Kong, preguntándome qué pensarían los míos si me vieran ahora. Yo nunca había estado en una cantina. Mis pecados personales eran actitudes tales como el orgullo, la arrogancia y mi sentido de que yo siempre estaba "bien"— los pecados "buenos". ¿Cómo me iba a poder identificar con estas mujeres?

Las damas me recibieron en el aeropuerto con una limosina muy larga, flores, y dulces. —Estamos tan contentas de que haya venido, pastora Clarice. Gracias por venir a Club Bravo.

—¿A qué horas vamos a empezar el servicio esta noche? —les pregunté.

Ellas sonrieron y me dijeron, —No tenemos reunión por la noche. Es cuando trabajamos.

No supe qué contestarles. Fui al hotel, y al siguiente día, alrededor de las dos de la tarde, vinieron y me llevaron a Club Bravo.

Entré al salón oscuro que estaba lleno de mujeres jóvenes. Parecía que todas estaban fumando unos cigarritos color café. Había suficientes botellas de whiskey en la pared como para hacer flotar un buque de guerra, y espejos en los techos. Era un lugar muy diferente a lo que era conocido para mí. Mi corazón palpitaba fuertemente. Yo clamaba, "¡Dios mío! ¡Dios mío! ¡Dios mío!"

El Señor me dijo, —Ya, ¡cálmate!

> El cuarto oscuro estaba lleno de mujeres jóvenes. Había botellas de whisky en la pared, espejos en el techo. Mi corazón latía con fuerza. Pregunté, —Señor, ¿qué quieres que les diga? Él dijo: —Diles que las amo.

Le pregunté, —Señor, Señor, ¿qué quieres que les diga?

Él me contestó: —Diles que las amo.

—¿Y luego les puedo hablar acerca del pecado?

—No, no les hables de ello. Simplemente diles que los amo, y dilo de tal manera que te crean.

—Sí, Señor —contesté.

Cora se levantó para presentarme y dijo, —Yo voy a reunión Benny Hinn. Mismo Espíritu de Dios sobre Benny Hinn está sobre Cora. ¡Tengo poder para sanar! Espíritu Santo sobre mí. Ahora hablo en lengua. Pastora Clarice Fluitt vino de los Estados Unidos de América para contarles acerca de Jesús, el Hijo de Dios.

Yo me levanté y simplemente dije, —Les quiero contar acerca de Jesús. Él pagó el precio por todo pecado, toda enfermedad y pobreza. Jesús es el Hijo de Dios. ¿Cuántos de ustedes quieren que Jesús sea su Salvador y pasar toda la eternidad con Él? Cada mano se levantó. Yo dije, —Muy bien. Voy a orar por ustedes. Simplemente pongan su mano sobre su corazón y digan conmigo: Yo creo en Jesús . Él es el Hijo de Dios. Yo soy pecadora.

El Señor me preguntó: —¿Qué estás haciendo?

Le contesté: —Estoy orando la oración del pecador.

´El me contestó: —Involúcrate más con ellas y sus vidas. Aquí te sientes muy segura y bien. Ahora quiero que bajes y toques a cada una de ellas.

—¿Tocar a cada una?

—Confía en Mí.

—Dios, son demasiadas.

—Confía en mí,

—Señor, confío en Ti, pero ¿las has contado? Nunca voy a terminar. La cosecha es demasiada grande para una sola mujer. Algo tiene que ocurrir.

—Confía en Mí. Tengo un plan. Tú haz lo que es posible. Yo haré lo que es imposible.

—Está bien, —contesté.

Fui con la primera joven y dije, —¿Quieres que Jesús sea tu Salvador?

—Sí, —contestó—. Quiero que Jesús sea mi Salvador.

Yo dije, —Entonces, simplemente diga, 'Entra, Jesús. Tómame tal como soy.

Ella dijo, —Jesús, tómame tal como soy.

Ella comenzó a orar y dijo, "Alabado sea Dios".

Todas se caían como manzanas de un árbol. Pensé, "Posiblemente me venga a vivir a Hong Kong y me dedico a los clubs nocturnos. Todo estaba marchando muy bien".

Tenemos que recordar que Dios se adhiere a Su Palabra, pero no necesariamente a nuestra interpretación de la misma. Posiblemente nosotros tengamos un plan, pero Dios tiene un propósito.

Llegué con la décima chica y me estaba sintiendo muy bien cuando el Señor preguntó:

—¿Qué estás haciendo?

Le contesté: —Me estoy encargando de que estas personas se salven.

Él me contestó: —Necesitas orar para que reciban poder.

—Qué quieres decir?

—Ora para que reciban el bautismo del Espíritu Santo.

—Señor, ellos no entienden.

—Tú tampoco entiendes. Ora en fe por estas muchachas.

Regresé con la primera joven y le pregunté, —¿Quieres el poder de Dios en tu vida?

Ella contestó: —Yo quiero poder en mi vida para servir a Jesús.

Le instruí —Pide a Jesús que te bautice en el Espíritu Santo y recibe el poder de Dios.

Ella comenzó a hablar en lenguas. Yo me empecé a preguntar si era el idioma chino o tamil, pero el Señor nuevamente me recordó: —Confía en mí. Tú haz tu parte y Yo hago la mía.

Cada una de las damas por quien ya había orado ya estaba hablando en lenguas.

Al llegar aproximadamente con la décima quinta persona, yo me estaba sintiendo muy bien acerca de lo que yo estaba haciendo. Esta chica en particular estaba cabizbaja. Le pregunté: —¿Quieres que Jesús sea tu Salvador?

Ella levantó su cabeza y me miró, pero lo único que yo podía ver eran los blancos de sus ojos. No había pupilas y una voz horrible y profunda salió de ella y dijo: "¡Te vamos a matar!"

La chica comenzó a manifestar demonios y comenzó gran desorden por todo el lugar. Estaban quebrando botellas, personas comenzaron a gritar, y yo pensaba, "Pues bien, Señor. Me parece que me trajiste aquí con la intención de matarme".

Yo corría entre la gente lo más rápidamente que podía, diciendo, "Te ato, diablo. Tomo autoridad. Suelta a esta mujer".

De repente, escuché a las personas por quienes había orado anteriormente decir, "¡Tú suelta a mi hermana en el nombre de Jesús!" Ellas estaban siguiendo mi ejemplo, y el poder de Dios estaba liberando a cada prisionera.

> Nadie les dijo que no podían ser extensiones de la mano de Dios. No había leyes ese día - solo amor y misericordia. Aprendí que es necesario agarrar al pez antes de que lo puedas limpiar.

Cuando se acabó todo el drama, todas nacieron de nuevo, fueron bautizadas en el Espíritu Santo, y habían quedado libres de toda actividad demoníaca. Estábamos gritando y cantando. Todas estábamos gritando, "¡Jesús!" Nadie les habló acerca del pecado. Nadie les dijo que no podían ser extensiones de la mano de Dios. No había leyes ese día, solamente misericordia y amor. Ellas simplemente le creyeron a Dios en un lugar llamado Club Bravo en Hong Kong. Aprendí que es necesario atrapar al pez antes de que lo puedas limpiar.

Dije, "Pues bien, Dios. Tú sí tienes un propósito. Sabes cómo lograr la cosecha. Traes a las personas aquí, les enseñas Tu Palabra, y luego las sueltas".

Todo era tan maravilloso. Llena de gozo, les dije, —Todas tuvieron un encuentro y una experiencia divina con Dios. Esta noche, cuando nos reunamos nuevamente, les enseñaré la maravillosa Palabra De Dios y les explicaré la doctrina acerca de lo que les acaba de ocurrir.

Entonces todas me dijeron:—Pero pastora, trabajamos por las noches".

Pensé: "Dios mío, ahora son doblemente hijas del infierno".

El Señor me contestó: "¡Cuánta confianza tienes en ti misma!" Volví a mi hotel y lloré amargamente. Actue como una tonta.

El siguiente día a las 2:00 p.m., Cora, muy sonriente, vino por mí. Le pregunté, —Pues bien, Cora, ¿cómo te fue anoche?

—¡Muy bien! —contestó—. Mi amante, negociante muy rico de diamantes. Él budista. Él llamó anoche. Él muy enfermo. Él tiene una úlcera sangrante. Él dice, 'Oh Cora, yo muy enfermo'.

Ella me siguió contando: —Yo le dije el mismo espíritu de Dios Viviente en Benny Hinn también en Cora y yo tengo el poder para sanarte. Yo le puse mis manos y eché fuera el demonio. Él me dio más dinero anoche que cualquier noche antes.

Yo me sentía como si estuviera en la casa de Cornelio. Te puedo contar tantas historias acerca de la soberanía de Dios. Club Bravo llegó a ser una iglesia y yo tomé parte. Regresé a Club Bravo tres años después. Cora se había regresado a Manila, y ella y su esposo establecieron una iglesia en Manila.

Dios tiene un plan. ¿Hay algo que sea imposible para Dios?

Capítulo 17

Cambia tu percepción

DECLARACIONES PROFÉTICAS

Cada juicio que se ha hecho de tu vida; cada doctrina que has abrazado como verdad que no era verdad; todo aquello que ha tratado de asfixiarte y apagar tu fuego, todo lo que ha venido para herir, cortar, lastimar, confundir, o desanimarte, yo entro al siempre-presente ahora con una voz apostólica, y cuidadosamente quito todas esas cosas con las que Dios no tiene nada que ver. En la autoridad del nombre de Jesús, hablo a los cielos y declaro que hemos elevado un vapor, y que Dios está enviando lluvia. Señor, permite que nuestros desiertos nuevamente florezcan. (Job 36:27)

Amado, predica el gozo, no el enojo, porque Dios ha rescatado nuestras vidas del hoyo, nos ha coronado con favores y misericordias, conforme sacies de bien tu boca, rejuvenecerás como el águila. (Salmo 103:4-5)

¿Quién va a ser una olla de fuego por Dios? Gracias Señor que somos cada uno un individuo único firmado y sellado, que refleja y absorbe un elemento de la gloria de Dios que ningún otro ha tenido. Gracias Señor que no somos oprimidos, deprimidos, suprimidos, reprimidos, o poseídos. Padre, estamos de acuerdo con lo que Tú dices, y somos embajadores de Cristo. (2 Corintios 5:20)

Enséñanos a ser sensibles a las necesidades y a los deseos de otros. Enséñanos a cubrir y no a asfixiar. Permite que nuestros ojos contemplen la bondad del Señor en la tierra de los vivientes. Enséñanos a amarnos a nosotros mismos para que podamos amar a otros. Señor, gracias por libertarnos de todo aquello que tenga que ver con el sentido de no tener valor, autodesprecio, y baja autoestima. Tú nos has liberado de cada concepción y percepción mal percibidas que una vez fueron nuestra realidad y de todo lo que se había programado en nosotros a causa de palabras, pensamientos e ideas negativas. (Salmo 27:13) Amén.

Hubiera yo desmayado, si no creyese que veré la bondad de Jehová en la tierra de los vivientes.

(Salmo 27:13)

Capítulo 18

Sé que Dios te ha dado tu milagro

Comenzó como un día ordinario en medio de un evento que yo estaba ofreciendo. Volví a casa después de haber disfrutado de una maravillosa cena con amigos, y estaba anticipando una noche quieta para descansar y relajarme.

De la nada, comencé a sentir dolores severos de estómago y rápidamente me llevaron al hospital. Ante la recomendación del Dr. Owen Meyers, mi médico de atención primaria quien me recibió en el hospital, me hicieron una serie de estudios. Cuando el Dr. Meyers leyó los resultados, quedó perplejo y asombrado. Me mostró el ultrasonido de donde se suponía que mi estómago debiera estar. Los resultados indicaban que mi esófago estaba tratando de convertirse en mi estómago, y que mi estómago se había estrangulado y tenía la apariencia de solo un cordón seco. Él inmediatamente recomendó la consulta adicional de un especialista gastroenterólogo. Una vez que el Dr. Meyers y nosotros consultamos con el especialista, éste recomendó cirugía para la siguiente mañana. Yo no tenía nada que decir salvo, "Confío en ti, Jesús".

Mi asistente ejecutiva, la Dra. Tandie, había estado observando todo lo que ocurría, y está muy bien informada acerca de procedimientos médicos. Ella sonreía, pero yo sabía que su mente extremadamente lógica se veía desafiada por esta experiencia.

Mi querida amiga, la Dra. Marian Stewart, es un médico llena del Espíritu Santo, y estaba en la ciudad asistiendo al evento que yo estaba ofreciendo. Ella es motivada por el amor y la compasión del Señor para ayudar a los enfermos y a los que sufren siempre que se le presente la oportunidad. Ella es también un vidente profético. La Dr. a Stewart ama la dimensión de lo sobrenatural y el obrar de milagros.

Ella vino para estar conmigo en el hospital, y dijo, "Oremos". Y orar es justo lo que hicimos. Parada junto a la cama donde yo estaba acostada, me dijo, "Por fe y a través de representación espiritual, voy a hacerte cirugía ahora mismo". Tengo que admitir que yo no entendía totalmente lo que ella decía en ese momento.

Con sus ojos cerrados, ella dijo, "Veo adentro de tu estómago". La Dra. Stewart, usando su conocimiento médico y sus dones proféticos, comenzó a ordenar a cada parte del

> La Dra. Stewart, usando su conocimiento médico y sus dones proféticos, comenzó a ordenar a cada parte del cuerpo a alinearse con la Palabra de Dios.

cuerpo a alinearse con la Palabra de Dios en la orden que era la intención original de Dios, y también de acuerdo con la manera en que Dios estableció que cada parte funcionara. La oración duró menos de diez minutos. Ella entonces dijo, "Dra. Clarice, ya no va a ser necesario operarte. Asegúrate de que te hagan un ultrasonido nuevo mañana por la mañana. Yo sé que Dios te ha dado tu milagro".

Temprano por la mañana, llegaron tres médicos, listos para hacerme una exploración quirúrgica. Les pedí que primero me hicieran otro ultrasonido, y accedieron. Cuando los resultados llegaron, los tres médicos quedaron maravillados. Allí, a plena vista, estaba mi estómago. No me preguntaron —¡y yo no les dije!

Me dieron de alta del hospital, y volví a casa para disfrutar de una rica comida. Que este milagro te traiga gran fe cuando enfrentes tus propias pruebas y tribulaciones. Dios tiene "partes extras", y le place demostrar el resultado cuando actuamos en fe. ¡Cree en Él por milagros majestuosos!

Con Dios, todo es posible.

Capítulo 19

No límites a Dios

El fabricante de casas de Dios

Yo estaba participando en un alcance misionero con mi equipo, y ese día estábamos disfrutando de un día de descanso. Estábamos en Kuala Lumpur, Malasia. La ciudad más antigua de Malasia es la ciudad de Malaca, y fuimos a visitar este lugar tan antiguo. No me había dado cuenta de que ese mismo día era uno de sus grandes días de fiesta, similar a carnaval en algunos lugares, o a Mardis Gras en Nueva Orleans. Esta ciudad antigua tenía calles empedradas de menos de nueve pies (2.75 m) de ancho. Era un lugar muy muy chico. Una vez que llegamos a la ciudad, no había manera de salirnos. El tráfico ya estaba tan congestionado, que no había manera de avanzar por la calle. Estábamos atrapados en Malaca, y quiero que sepas que si estás atrapado en Malaca, verdaderamente estás atrapado. No había para donde ir, y lo único disponible para comer era sopa de hongo (¡pero nada parecidos a champiñones!), cabezas de pescado, y otros "antojitos" típicos por los cuales yo estaba tratando de adquirir gusto. Es asombroso cuán diferentes son nuestros gustos, pero yo estaba tratando, creyendo que con Dios todo es posible.

¿Crees que los pasos de los justos han sido ordenados por Dios? Yo estaba pasando mi único día de descanso en Malaca, pero permíteme explicar algo que he experimentado. Cuando estás caminando con Dios, en realidad no te tocan "días de descanso". Cada día es día de trabajo. Ya no te perteneces a ti mismo. Vives para los propósitos de Dios. Él dice, "Necesito un cuerpo para que manifieste Mi voluntad. Necesito dos manos, necesito ojos, y necesito oídos. Si simplemente Me llevas adonde quiero ir, Yo haré lo que tengo que hacer". Cosas maravillosas suceden cuando Dios se mezcla con el hombre.

Nada sobre esta tierra se manifiesta sin un cuerpo. Los demonios necesitan uno. Jesús tiene que tener uno. ¿A cuál de ellos te vas a someter? Es al uno o al Otro; o vamos a manifestar la naturaleza vieja, o vamos a manifestar a Cristo. Así que estamos aprendiendo a andar como hijos de Dios. Hemos sido llamados y equipados para crear con Dios. Cuando las cosas se ven terribles, no te dejes llevar por lo que ves. Recuerda la Palabra de Dios. Si no puedes recordar nada más, simplemente di, "Jesús es Señor". No abras tu boca para permitir que salgan palabras negativas.

Aquí estábamos en Malaca. Por todo el Lejano Oriente, cada hogar y negocio tiene una pequeña estructura, conocida como una "casa de dios" adherida a su edificio. Estas casas proveen un lugar propio para quemar incienso y para colocar fruta y pastelitos con el fin de apaciguar a su multitud de dioses. El papel de incienso especial que colocan puede quemar por 12 horas. Cada 12 horas se pone papel de incienso nuevo para que el aroma se perciba dondequiera se encuentren estas casitas. ¡Las personas que venden estos papeles y estas casitas tienen que ser sumamente ricos!

Algunas de estas estructuras son sencillas, mientras que otras son muy elaboradas. Resultó que el fabricante principal de estas casas de dios en toda Asia vivía en Malaca, y su negocio estaba en la calle donde nos encontrábamos atrapados. Él era el empresario y diseñador por excelencia. No había quien se comparara con él.

Yo estaba con mi anfitrión cristiano y le dije, —Quiero ir allí.

Él me contestó: —Oh no, no, no. Ése lugar le pertenece al hombre que fabrica las casas de dios.

Sentí que el espíritu aventurero de Tom Sawyer me había tomado presa. "Un momento". dije. "Vamos a entrar y ver". Como yo no podía salirme de ese lugar, decidí que era mejor encajarnos en los planes de Dios. Tienes que entender que cuando el enemigo dice, "Aja, te tengo atrapado ahora. No hay nada que puedes hacer", ése es el momento cuando vas a hacer más bien, si tu fe está depositado en Dios.

Entonces entré al mercado de este fabricante y por todos lados veía papeles. Papeles, papeles, papeles, y muchas casitas de dios diferentes. Mientras caminaba por el lugar, mi pensamiento era, "Bueno, Jesús convirtió el agua en vino". Luego dije, "Padre, cada vez que prenden lumbre a estos papeles, se van a convertir en alabanza a Ti. Yo revoco la maldición de la religión falsa y desato la verdad de Dios dondequiera que voy. Padre, simplemente te doy gracias de que dondequiera que estos papeles vayan, yo desato la revelación de Tu amor y poder".

Salió de la parte trasera de la tienda este hombrecito de Malasia, con su barba larga, uñas largas y delgadas, su cigarrillo, y dedos amarillos, pigmentados por nicotina a causa de los muchos años de fumar. Era el fabricante de las casas de dios. No tenía dientes y estaba encorvado. Era muy muy anciano, y muy honorable.

Mi amiga que hablaba el idioma le dijo a este hombre: "Esta es una mujer de Dios que viene de los Estados Unidos". Él dijo, "¡Ah!" Mi amiga me dijo que el fabricante de las casas de dios quería tomar té conmigo. Dije, "Por supuesto, me dará mucho gusto pasar ese tiempo con él". Mis amigos se sentían desafiados, porque me querían proteger. Creo que nací para revolver las cosas. Soy un instrumento que revuelve - una cuchara para Dios. Dondequiera que sea, yo siempre revuelvo y traigo las cosas a la superficie. Fuimos al lugar de descanso de este hombre, al fondo de la tienda, para tomar té. Todos veneraban a este anciano fabricante de casas de dios.

Sus sirvientes prepararon algunos pastelillos. Al principio pensé que eran dulces, pero tienes que entender que el gusto de las personas del Oriente son muy diferentes al gusto de los del Occidente. Donde nosotros le ponemos azúcar a las cosas, ellos usan sal. Así que trajeron estos pastelillos muy salados para acompañar el té que estaba muy fuerte. He aprendido a sobrellevar toda clase de cosas a causa del evangelio; solo podemos comer lo que se nos pone en frente, y tenemos que aparentar que nos gusta. Nos sentamos allí con nuestro intérprete. Me enteré que en este día alto y sagrado para ellos, todas las entidades demoníacas iban a estar desfilando por las calles. Además, hoy era el cumpleaños de este fabricante.

Él contaba con 88 años de edad y era el hombre más venerado y rico en toda Malaca. Me invitó a mí y a mi equipo a ser sus huéspedes especiales en su banquete de cumpleaños. ¿No te encanta? Todo esto había sido orquestado por Dios. Tienes que permitir que tu fe se levante. La fe viene por el oír, y al oír este testimonio. Este testimonio trata del poder de Dios – de Dios quien toma cosas que son imposibles y les sopla Su aliento – y luego nos toca observar a Dios tocar al mundo con Su amor. No nos referimos al sistema del mundo; sino que Dios ama a estos fabricantes de casas de ídolos. Él ama a las personas grandes, a las personas pequeñas, a las personas importantes, y a las personas consideradas inconsecuentes - a todas las personas. Estamos, después de todo, en el negocio de las personas.

Así que decide no ser una persona selectiva que solo quiere estar con cierta clase de personas. Dios está detrás de toda persona que posee un cuerpo. Si tienes prejuicios o temor, las personas se darán cuenta. Si eres falso, las personas verán fácilmente a través de tu máscara.

Mi equipo me preguntó, "¿En verdad quieres ir al banquete de cumpleaños del fabricante de casas de dios?" Contesté, "Absolutamente sí; quiero ir. ¿Donde más crees que voy a ir esta noche. ¿Voy a caminar las calles de Malaca? Ésta es una puerta abierta. Vamos a ir a este hotel grande y fino y estar entre las personas más prominentes de Malasia. Me voy a sentar en los lugares altos con personas de alta influencia; van a desfilar delante de mí, y voy a desatar el amor de Dios y convicción sobre cada uno. Los demonios y los dragones no prevalecerán".

Así que allí estaba yo, la candidata menos probable en el banquete de cumpleaños del fabricante de casitas de dios. La comida era de 15 platillos, en un hotel increíble y aristocrático.

La comida se veía absolutamente hermosa, y me enriquecía

culturalmente, pero no eran alimentos por los cuales yo había adquirido gusto. El anciano festejado y su esposa estaban sentados a la cabeza de la mesa. Todos sus hijos, nietos, bisnietos y tataranietos llenaban el salón. Él gozaba de tanto honor porque era el patriarca y la fuente de riqueza.

¿Sabía usted que cuando estás lleno del Espíritu Santo, la palabra *platho*, "ser lleno", significa que has recibido la fuente de toda la riqueza que reside en ti? Así que necesitas que Dios salga de ti - permítele que gobierne, reine, dirija y guíe.

Así que el anciano fabricante, su esposa, y todos sus herederos estaban en el salón con nosotros. Mientras comíamos sopa de huevo podrido y pato también podrido yo decía, "¡Qué rico! ¡Qué sabroso este pato!". Eso es honor. Las personas saben si tu honor es genuino o no. En verdad me caía bien este anciano. Yo no estaba de acuerdo con lo que hacía, pero era un hombre dulce y amable que todavía no había recibido la revelación de Jesucristo como Señor y Salvador. ¿Por qué vas a golpear a un hombre ciego por no poder reconocer el color azul? Si no tienes poder para darle la vista, tampoco debes estar buscándole culpas. Que el poder de Dios se revele a nosotros y a través de nosotros para que las cosas que hagamos sean tan obviamente de Dios, que ninguna carne pueda gloriarse.

Llegó el momento cuando el fabricante de casas de dios me envió un mensajero que dijo, "Usted es una mujer de Dios. Nosotros tenemos muchos dioses, pero mi esposa tiene diabetes y está ciega. ¿Acaso puede su Dios sanar a mi esposa?

Oh, ¡sí! ¡sí! Ahora sabía por qué estaba aquí. Manifestemos algo además de una mera opinión. Todas las personas que estaban conmigo se estaban poniendo muy nerviosos. Ésta es una de esas ocasiones en que lo haces, o no lo haces. Así que, me fui a la mesa principal. Todos los herederos estaban esperando para que su Abuela fuera sanada por este Jesús de quien les había hablado: Jesús, el Hijo del Dios Viviente, la Llave, el Libertador, el Dios Poderoso, el Único Verdadero Dios.

A través de mi intérprete, le dije al fabricante de casas de dios, "Señor, todos los dioses que usted tiene son dioses falsos. No tienen poder ni autoridad. Cuando mi Dios sane a su esposa, ¿renunciará usted a todos sus dioses? El anciano tomó las manos de se esposa, y con lágrimas corriendo por su rostro, la miró, y ambos dijeron, "Sí". Él puso sus manos en su cara y la

> El fabricante de casas de dios envió un mensajero que dijo, "Usted es una mujer de Dios. Nosotros tenemos muchos dioses, pero mi esposa tiene diabetes y está ciega. ¿Puede su Dios sanar a mi esposa?

tocó con tanta gentileza, tanta reverencia, tanto amor. Me dijo, "Si su Dios sana a mi esposa, entonces su Dios es Dios.

El Reino de Dios ha venido y sigue viniendo a ti y a mí. Lo que el mundo quiere ver es un Dios que sana y liberta; un Dios todopoderoso al grado que cuando usted entra, el infierno huye. ¡Ah! Éste es un tiempo gozoso.

Aquí tenemos a este anciano fabricante de casas de dios, su esposa ancianita y ciega, y mi equipo nervioso pero lleno de esperanza. El anciano fabricante acaba de decir delante de todos sus herederos, que están viendo que su fuente de dinero está a punto de desaparecer, "Si su Dios sana a mi esposa y le abre sus ojos, yo renunciaré a todo lo que tenga que ver con fabricar casas de dios".

Tomé la cara dulce de la esposa y la coloqué en mis manos. Yo sabía que ya no eran mis manos. Me di cuenta que la sustancia de la fe ya estaba operando y que el Señor estaba diciendo, "Gracias, Clarice. Gracias por permitirme tocarla". Dije, "Ahora, ceguera, espíritu fétido del infierno, desata a esta mujer". Algunos dirían, Oh, pero ella no es creyente. ¡Silencio! Dios comienza al final y de allí procede al comienzo. Él siempre empieza donde se termina y luego va hacia atrás. Lágrimas empezaron a correr por el rostro de la anciana. No fue una oración larga. Simplemente fue, "Recibe tu sanidad". Ella parpadeó. Todo estaba en silencio. De repente, ella dijo, "¡Oh!"

El anciano fabricante empezó a llorar y la besó. Todos sus hijos y nietos comenzaron a llorar cuando ella les dijo, "¡Te veo! ¡Te veo!" Los niños más pequeños la rodearon — ella nunca antes había visto a estos niños con sus ojos. ¡El fabricante de casas de dios de Malaca se convirtió en un creyente nacido de nuevo! Como un año después, recibí una carta de gratitud por parte del nieto, dándome las gracias por presentar el Evangelio a su familia y agradeciendo el hecho que su abuela había recibido su vista.

Que Dios se levante y que sus enemigos huyan. Él es un Dios poderoso. Él ha de ser glorificado y adorado. Aleluya al Rey. Él es Quien alcanza a las naciones del mundo. Nada es imposible para Él. Nada es imposible.

Capítulo 20

Sé fructífero y multiplica

Una linda pareja joven se cambió a la casa al lado de la nuestra. Larry era un abogado de muy buen parecer que aspiraba a cosas grandes, mientras que Mary era una ama de casa llena de energía y confianza, muy involucrada en los asuntos de la comunidad. Cierta noche llegaron a nuestra casa para visitarnos. Después de unos minutos de conversación de cortesía, Mary dijo, "Dra. Fluitt, sabemos que usted ora por las personas. Queremos que usted ore para que tengamos un bebé". Ella explicó que habían consultado una clínica de fertilidad, pero que no tuvieron resultados. Tenían seis años de casados, y realmente querían tener un bebé. Mi esposo George y yo oramos y los ungimos con aceite. Reprendimos al diablo y le dijimos a esta pareja que fueran fructíferos y multiplicaran. Un mes después llegó Mary a nuestra casa, y con su risa alegre nos dio las buenas noticias de que estaba embarazada. Todos nos regocijamos y cuando una nena preciosa nació, todos estábamos eufóricos.

Cuando su bebé primogénita contaba con seis meses de edad, Larry vino a nuestra casa y preguntó, —Dra. Fluitt, ¿sigue usted orando para que seamos fructíferos y multipliquemos? .

Sonreí y dije, — Le he estado agradeciendo al Señor por usted y su familia.

Larry se rió y dijo, —Ya puede dejar de orar. Acabamos de enterarnos de que Mary está embarazada otra vez; ahora con trillizos.

Ella dio a luz a tres varoncitos. Imagine lo que es tener a cuatro bebés menores de dos años de edad.

Mary tenía a una hermana gemela que estaba teniendo el mismo problema y desesperadamente quería tener un hijos. Mary y Larry trajeron a la pareja a nuestra casa y pidieron que oráramos por ellos. Así lo hicimos, y 10 meses después, Dios los bendijo con un bebé.

SIMPLEMENTE CREE

Hay una iglesia maravillosa ubicada en Indiana, Pensilvania, llamada Divine Destiny (Destino Divino). Los pastores son Scot y Tammie. Yo estaba predicando en su iglesia, y cuando era el tiempo para orar, el altar se llenó de los fieles que deseaban un toque del Señor. Había una dama en particular que se me acercó y me pidió que orara por ella. Me contó que por diecisiete años ella no había podido tener hijos a causa de complicaciones. Hasta había recibido tratamientos de fertilidad ante la recomendación de su médico. Había llevado esta carga de esterilidad por 17 años, sabiendo que los hijos son una bendición de Dios, pero sin poder concebir. Oré por ella, le profeticé, y le dije que para este tiempo el próximo año, ella tendría un bebé. Ella solo me miró y sonrió.

El próximo año cuando regresé a "Divine Destiny', esta misma dama sonriente se me acercó y me dijo, "Te quiero presentar a alguien". Estaba acurrucada en los brazos de su papá una preciosa nena.

La mujer me dijo que ella se acordaba de mi enseñanza durante ese tiempo. En la reunión del año anterior yo le había dicho que ella tenía que alienar sus palabras con la Palabra de Dios y hablar a las cosas que no son como si fueran. Ella me contó que éste fue un paso que ella tomó, y que, a partir de entonces, cada día en camino al trabajo ella había hablado con el Señor, dándole gracias por sus hijos. Ella continuamente le alababa y daba gracias por lo que Él iba a hacer. Tres meses después descubrió que estaba embarazada. Primero se hizo la prueba de embarazo en su casa pero luego hizo cita con su médico para que allí le hicieran la prueba porque no lo podía creer. Tanto ella como su doctor se asombraron cuando la prueba confirmó su embarazo. Pasó todo su embarazo sin ninguna complicación.

Ella me contó que aprendió muchas lecciones durante este proceso, pero la que más se destacó es que Dios nos ama, así como nosotros amamos a nuestros propios hijos, y que hace cualquier cosa por nosotros si simplemente creemos.

PEQUEÑO BEBÉ, ¡ESCUCHA MI VOZ!

Me habían invitado a compartir en Rock Hill, Carolina del Sur, en una gran reunión profética de la Iglesia *Shield of Faith*, (Escudo de la Fe) con los pastores Larry y Kathy. Repentinamente, cambió el clima. Un boletín salió anunciando que iba a haber una gran nevada, y que nadie debía estar en las carreteras.

Había nieve por todas partes. Obviamente, se cancelaron las reuniones, así que nos quedamos en casa ese día. El pastor Larry se sentía muy frustrado. Había hecho grandes planes para las reuniones. ¿Cuántos saben que Dios te permitirá hacer planes, pero finalmente, Él tiene un propósito? Así que aquí nos encontrábamos. Era un día frío y nevado, y el pastor no estaba nada feliz. Había gastado mucho tiempo y dinero para promover el evento. ¿Cuál era el propósito? ¿Había yo viajado una gran distancia solo para tomar un asiento, ver la nieve, y disfrutar, frente a la chimenea, una taza de café caliente junto con unos grandes amigos.

Un grupo de alrededor de 20 adultos jóvenes entre las edades de 18 y 20 del Master's Commission (La Comisión del Maestro- Una escuela de discipulado misionero de las Asambleas de Dios). habían viajado aproximadamente 100 millas para asistir a las reuniones proféticas. Su representante le llamó al pastor Larry y le dijo, —¡No hay nadie en la iglesia!

El pastor Larry le dijo, —Sacaron un boletín meteorológico informando que iba a haber una nevada muy pesada y que nadie debía usar las carreteras.

La persona al otro lado del teléfono contestó, —Pues nosotros no recibimos la información. ¿Podemos ir a su casa para conocer a la Dr. a Fluitt?

El pastor Larry le dijo, —Claro que sí, vengan.

Dios te permitirá creer lo que necesitas creer a fin de que llegues a donde Él te está llevando. Él es tan extravagante, pero nunca malgasta Su amor y gracia.

Así que llegó este grupo y todos comimos juntos. Mientras estábamos sentados en la mesa, dije, "Hablemos acerca del Señor.

¿Tienen preguntas a las que no les han encontrado respuestas? Hablemos de éstas".

Una damita muy atractiva sentada al extremo de la mesa dijo, "Dr. a Clarice, tengo algo que le necesito contar. Yo tengo dieciocho años de edad, y me criaron dentro de la denominación bautista. Cuando yo era niña de unos dos, tres o cuatro años de edad, yo tomaba todas mis muñecas, las ponía en fila, y yo sabía que yo tenía el llamado para ser misionera a todas las naciones. Yo decía: "Tú eres muñeca africana, y tú eres una muñeca de Egipto" y luego les predicaba. Mis papás me decían que no me enfocara tanto en la religión. Pero yo siempre he sabido que Dios me ha llamado a ser algo en cuanto a las misiones.

"Cuando yo tenía diecisiete años, apliqué para ser parte del Master's Commission de las Asambleas de Dios para ser misionera, y ha sido maravilloso. Estoy aprendiendo tanto. Yo estaba con una de las damas en la iglesia y ella estaba escuchando una grabación CD. Le pregunté: '¿Quién es?' Ella contestó: 'Es la Dra. Clarice Fluitt de Louisiana'. Le pedí que por favor me prestara los CDs. Ella accedió así que los llevé a mi casa y los estuve escuchando una y otra vez. No tenía la menor idea de lo que usted hablaba, pero había cierta frecuencia en su voz que yo parecía reconocer y la seguía escuchando una y otra vez. Entonces mi papá entró a mi habitación y me preguntó: '¿A quién estás escuchando?' Le contesté: "Es una dama de Louisiana, y es una profeta — la Dra. Clarice Fluitt'. Él entonces me dijo, 'Yo la conozco'. Le dije, 'Papi. tú eres bautista y vives en Carolina del Sur. No hay manera que la puedas conocer'. Él entonces me contestó: 'Oh, sí la conozco. Cuando tu mamá y yo nos enteramos de que estábamos esperando un bebé, unos amigos nos dijeron que había una reuniones con una profeta en el pueblo. Eso hace 18 años. Aunque pertenecíamos a los Bautistas del Sur, asistimos a esta reunión donde una mujer estaba profetizando y cantando ópera. Tu mamá y yo estábamos parados en un rincón del salón pensando. ¿qué es esto? NUNCA habíamos visto algo semejante. La mujer nos sonrió, se acercó con nosotros, y tomó la mano de tu mamá. Luego puso su mano sobre el vientre de tu mamá y dijo, 'Bebé, escucha mi voz. Dios te ha escogido para que seas misionera. NUNCA te escaparás de la voz de Dios'.

La joven luego me dijo. "Cuando escuché la voz de usted en el CD, yo sabía que la tenía que encontrar, ¡porque usted me había impartido una palabra cuando yo todavía estaba en el vientre de mi madre!"

Nunca subestime el poder de la palabra profética.

"GOODNESS" VIVE

"The House of Mercy" (La Casa de Misericordia) es una iglesia misionera ubicada en Newark, Nueva Jersey. Los pastores Sam y Tilly Giresi y su hija Tilly Ann han establecido un refugio seguro y una iglesia para muchos que tienen las cargas severas de la pobreza, falta de hogar, enfermedad, hambre y una multitud de desafíos a diario. Participo en la supervisión de esta obra.

Los Giresi y su personal demuestran el amor de Dios mientras amorosamente responden a su llamado de amar, alcanzar, enseñar y equipar a estas personas. Al observar este equipo, uno puede apreciar lo que es vivir una vida sacrificial pero a la vez extremadamente gozosa. Mientras escribo esta historia, puedo escuchar la risa profunda y contagiosa de la pastora Tilly. Bien se ha dicho que dinamita viene en paquetes pequeños.

Les comparto una historia asombrosa que experimenté durante una de mis visitas para ministrar en su iglesia.

La pastora Tilly se había hecho amiga de una bella mujer cristiana que recientemente se había venido a los Estados Unidos desde Nigeria. El nombre de esta madre joven era Toby. Ella tenía a dos varoncitos con ella; uno de dos años llamado Mercy y uno de apenas tres semanas llamado Goodness Ore Oluwa Ajibade.

El pequeño Goodness estaba muy enfermo con un defecto del corazón que amenazaba contra su vida. Recientemente lo habían dado de alta después de tres semanas en la unidad de cuidados intensivos neo-natales del Centro Médico Beth Israel en Newark.

La pastora Tilly le habló a Toby para invitarla a que trajera a Goodness a la iglesia para que yo pudiera orar por él. Ella era una extranjera en un país extranjero donde nada le era conocido, y además se tenía que organizar muy bien para atender a dos bebés. Fue un acto increíble de fe por su parte para conseguir transportación y vencer el temor de exponer al frágil pequeño Goodness a un ambiente público.

Llegué. Toby y sus hijitos ya estaban allí. Reconocí la necesidad de orar. El pequeño Goodness era un bebé hermoso que estaba experimentando respiración errática. Pasé un tiempo con Toby y luego ungí a Goodness con aceite. Impuse mi mano sobre su pecho y oré por un corazón nuevo. También le fijé a su ropita un pequeño manto de color rojo sobre el cual yo había orado, y profeticé que él viviría y que serviría la causea de Cristo. Su respiración se tranquilizó y se durmió, pero faltaba todavía mucho más drama.

Nos juntamos todos después de la reunión para comer y convivir juntos. Goodness se despertó y Toby comenzó a amamantarlo. Entonces el bebé dejó de respirar y luchaba para vivir. Fue un momento muy tenso. La pastora Tilly tomó al bebé inerte en sus brazos y todos en un solo espíritu comenzamos a luchar y a declarar las promesas de Dios sobre el bebé. Una vez más Goodness tomó aire, se calmó, y se acomodó tranquilamente en los brazos de su mamá.

La historia de Toby sigue. Al siguiente día ella llevó a Goodness al médico. El doctor inmediatamente lo envió a la sala de urgencias con el diagnóstico de una fuerte posibilidad de incapacidad cardiaca. Transfirieron a Goodness a la unidad de cuidados intensivos neonatales donde lo programaron para cirugía inmediata del corazón en el Centro Médico Langone de la Universidad de Nueva York. Pero, antes de que lo pudieran transferir de Nueva Jersey a Nueva York, le falló el corazón. Su cuerpo se puso azul y dejó de respirar. Una enfermera lo levó a otro cuarto. Los pulmones de Goodness se habían colapsado y él había muerto.

Nadie le dijo a Toby que su bebé había muerto. Ella preguntó dónde estaba su bebé, y alguien le dio el número de la habitación. Cuando Toby entró al cuarto sin saber lo que había ocurrido, y vio a su bebé sin vida, totalmente tapado con una sábana, ella arrancó la sábana, tomó a su bebé en brazos, y empezó a clamar el Nombre de Jesús. Se acordó de la palabra profética de que Goodness viviría y serviría al Señor. Ella llamó a su hijo por nombre, y le ordenó que regresara.

Goodness revivió y un cirujano musulmán muy talentoso le hizo una cirugía crítica. Más tarde, el doctor le dijo a Toby que Goodness estaba tan enfermo que estaba a punto de morirse, y tan frágil, que solo algo milagroso lo pudo mantener con vida. Toby sonrió y dijo, "Sí, ¡era Jesús! El cirujano sonrió y dijo, "Yo necesito conocer a este Jesús".

Todo esto ocurrió en el 2011. Me complace reportar que hoy Goodness es un niño feliz, sano, y muy activo. ¡Gracias, Jesús!

PIDE EN GRANDE Y RECIBIRÁS EN GRANDE

Mientras ministraba en Florida, tuve la oportunidad de visitar a una familia que recién se había comprado una casa rodante (conocidos como R.V.'s o vehículos recreacionales en los Estados Unidos) de 60 pies (más de 18 m) de largo. Era una pieza asombrosa de arte y ciencia que parecía un Taj Majal sobre ruedas. El interior era comparable con cualquier hotel de cinco estrellas donde yo me haya quedado a través de los años. El exterior era una explosión de vidrio y metal colorido, que olía a abundante dinero. Era un expresión visible de lo que es verdaderamente primera clase.

¡Yo estaba apantallada! Un pensamiento muy tentador pasó por mi mente. Guau, ¿cómo sería tener algo así para viajar por carretera? Me di cuenta que yo estaba considerando seriamente la posibilidad de tener mi propia casa rodante.

He estado viajando desde 1971, y volar ya se había convertido en un verdadero desafío. Seguí pensando, y luego dije en voz alta, "El Señor me va a dar mi propia casa rodante. Será un vehículo de primera clase, libre de problemas, que dará gloria a Dios y será de gran comodidad para mí".

Esa noche durante la reunión dije en voz alta a toda la congregación, "El próximo mes cumpliré años y voy a recibir una hermosa casa rodante totalmente pagada". La congregación aplaudió y se pusieron de acuerdo con lo que yo había dicho.

Cuando volví a casa, le dije a George, "¡Dios me va a dar una bella nueva casa rodante para mi ministerio!". George sonrió y dijo, "Está bien".

Alrededor de una semana después, recibí una llamada telefónica de parte de una mujer que vivía en Virginia. Ella no había estado en la reunión donde hice mi declaración acerca de la casa rodante, pero se había visto bendecida por algunos de mis CDs de enseñanza y llamó para expresar su gratitud. Conversamos, y luego de la nada dijo. "Yo sé sin duda alguna que el Señor ha puesto en mi corazón comprarte una casa rodante para tu ministerio". Yo le comencé a hacer preguntas con la misma intensidad como si ella me hubiera pedido que robara un banco.

Aunque yo había recibido ese pensamiento inspirado, lo cual me llevó a declarar la palabra, y tanto el pensamiento como la palabra se habían lanzado a la atmósfera, ahora, cuando la acción para producir la manifestación de lo que yo deseaba apareció, yo la vi con duda e incredulidad. Esto no solo causó que yo reaccionara en temor, pero también provocó que examinara la generosidad de esta mujer por temor en vez de que por fe.

Es un proceso asombroso lo que nos hacemos a nosotros mismos. Tendremos un pensamiento inspirado (que se puede ver como una semilla), luego hablamos una palabra (que es como plantar la semilla); luego cuando el tiempo viene para cosechar nuestra cosecha soñada, y echar a andar nuestra fe con acciones para creer para que podamos recibir nuestra cosecha, la incredulidad, la duda, y los sentimientos de no valer nada nos detienen.

Pues esta mujer preciosa contestó toda mi interrogación. Le pregunté qué clase de casa rodante tenía ella en mente, porque yo forzosamente tenía que tener uno nuevo. Le advertí que el regalo no significaba que ella podía viajar conmigo (ella me aclaró que no quería hacerlo). Le pregunté, ¿en verdad tiene el dinero para dar semejante regalo? ¿También va a pagar los impuestos sobre la venta? Y seguí haciendo preguntas. Finalmente le dije, "Permíteme orar al respecto, luego le hablo por teléfono". Era obvio para mí que yo tenía la fe para pedir en grande, pero no la fe suficiente para recibir en grande.

Al siguiente día llegó otra llamada de parte de una iglesia en Virginia. El pastor amorosamente me dijo, "Dra. Clarice, nuestra iglesia le quiere comprar una casa rodante nueva para que usted pueda viajar en comodidad y con estilo".

Mi primer pensamiento fue, "Creo que oré de más". Estaba comenzando a parecer que yo iba a tener toda una flotilla de casas rodantes. El grupo de la iglesia fueron a un pueblo cercano donde diseñan y hacen casas rodantes ejecutivas para gente famosa. Se sintieron atraídos por una muy brillante y elegante. El interior era de primera clase y estaba repleta de lujos. El gerente se les acercó y les preguntó si tenían interés en comprar una casa rodante. El líder le dijo que sí. "Oh", contestó el gerente. "¿El vehículo es para usted?" "No", le contestó el líder. "Lo estamos comprando para una mujer profeta que vive en Louisiana. Antes de que decidamos, oraremos sobre esta casa rodante y la ungiremos con aceite." El gerente se vio un tanto descontrolado, pero estuvo de acuerdo. Oraron y dijeron que más tarde regresarían.

Al siguiente día, se dio el caso que la mujer que primeramente me había hablado estaba pasando por el mismo pueblo, y pasó por el mismo negocio de casas rodantes. Ella se detuvo, fue al lote, e inmediatamente se acercó a la misma casa rodante por la cual la iglesia había orado. Dijo, "Ésta es. Voy a comprar ésta". El gerente sonrió y dijo, "Seguramente usted es parte del grupo de la iglesia que vino ayer. Ella le contestó, —No, estoy sola.

El gerente entonces le preguntó: —¿Está usted comprando el vehículo para usted misma?

—No, —replicó—. Lo estoy comprando para una mujer profeta que vive en Louisiana.

Él estaba muy confundido. —El grupo de la iglesia también dijo que lo estaban comprando para una mujer profeta de Louisiana, pero lo querían ungir con aceite y bendecirlo antes de comprarlo.

Pues bien, para no hacer largo el cuento, esta mujer generosa compró la misma casa rodante antes de que la comprara la iglesia, pagó todos los impuestos, la llenó de gas, y me envió el título del vehículo a mi nombre, junto con una linda tarjeta que decía, "Disfrútela, y tenga plena seguridad de que yo fácilmente puedo solventar el gasto para bendecirla con este casa rodante".

Cuanta bendición fue ella para mi vida. Le puse el nombre de "Evidencia". porque era la evidencia de lo que yo le había pedido a Dios. Esta casa rodante me sirvió mucho y tuve la oportunidad de usarla como una oficina sobre ruedas al viajar y una sala de oración. He perdido la cuenta de cuántas personas fueron salvas y fueron bautizadas en el Espíritu Santo en este vehículo tan ungido.

Hay una historia adicional en cuanto a cómo este regalo llegó a ser el regalo que seguía dando.

Mi preciosa mamá sufrió una embolia doble. Ella fue una gran cristiana vencedora. Su condición física comenzó a empeorarse y fue necesario proveerle de enfermeras y otros para cuidarla continuamente. Soy hija única y para mí era un honor encargarme de sus necesidades durante su enfermedad.

No toma mucho tiempo para vaciarte de tu reserva cuando te ves confrontado por una enfermedad prolongada.

Yo estaba en nuestra iglesia un sábado por la mañana preparándome para el servicio del domingo. Entró un caballero y preguntó quién era el dueño de la casa rodante con el nombre "Evidencia" escrito en frente. Contesté: "Yo soy la dueña". Entonces me dijo, —Quisiera comprarla hoy mismo y le pago en efectivo en este momento.

Pues, ¡me ofreció muy buen precio! Vendí a mi Evidencia, pagué mis cuentas, y pude pasar tiempo de calidad con mi mamá sin preocupaciones financieras.

Tuve un pensamiento: Quiero una casa rodante

Declaré una palabra: Quiero una casa rodante

Obré en base a lo que quería. Recibí mi casa rodante. Recibí mi Evidencia.

¡No te dés por vencido ni abandones tu sueño!

POEMA PROFÉTICO ESPONTÁNEO (NO ENSAYADO)

por la Dra. Clarice Fluitt

Soy candidato para milagros

Milagros, milagros, milagros clamamos

Milagros, milagros profetizamos.

Milagros en nuestras mentes

Milagros hechos divinamente.

Poder sobrenatural del Espíritu Santo

Venga, Dios. Eres en quien nos gloriamos.

Milagros hoy.

Milagros, milagros, milagros hoy.

Milagros, milagros, permítenos ver tu gran gloria.

Tu santa Palabra es hablada …

Nos dice que cada maldición ha sido quebrantada.

No tenemos porque no pedimos

Oh, mi Dios, estoy comprendiendo cómo.

Milagros … Fluirán donde andamos

Cuando cómo hablar finalmente aprendamos.

Estrecha tu mano tan poderosa,

Desata, Señor, tu obra tan asombrosa.

Milagros ... veámoslos ahora

Oh, mi Dios, Sólo Tú sabes cómo

Milagros...

Milagros en nuestra familia ... a los oprimidos desatar

Cambia sus corazones y mentes, o Dios ... y dales libertad.

Milagros en nuestras familias ...

Milagros en nuestra tierra

Milagros en nuestro gobierno, ...

Revela tu el plan para tu obra asombrosa

Milagros

Milagros ... los imploramos

Milagros que nos has preparado

Tú dices que no tenemos porque no los hemos solicitado

O, mi Dios, ese tiempo ya ha pasado

Yo pido Milagros

Milagros en el gobierno ... milagros en este mundo

Milagros para los que están solos

Milagros para los que no tienen hogar

Milagros para los oprimidos

Milagros para sanidad en nuestro cuerpo

Milagros...

Milagros imploramos

O Señor, Tú conoces lo que buscamos
Tú dices que "Ahora seremos desatados"
Cuando como reyes y sacerdotes hablamos
Milagros ....

Voy a clamar por los milagros que Dios ha prometido
Voy a clamar por los milagros para resucitar
Voy a hablarles a los milagros para verlos desatar
¿Estás creyendo que eres rey y sacerdote?
Milagros...

Milagros de liberación y también de sanidad,
Me hacen creer que la Palabra de Dios es Verdad
Tienes que escoger y hoy decidir
Abre tu boca para que yo te pueda escuchar decir
Milagros....

¿Quién quiere ver al cojo saltar?
¿Quién quiere escuchar al mudo hablar?
¿Quién quiere saber que el sordo ya escucha?
¿Hay alguien que quiera decir que está cerca?
Milagros...

Milagros en las relaciones

Milagros que nos ayudan a capacitarnos

Milagros en las cosas que declaramos,

Milagros, día y noche, noche y día

Milagros…

Alguien, profetiza a la tierra seca

Alguien, profetiza nuevo nacimiento asombroso

Cuando hay sequía y todo está seco,

Vengan santos … profeticemos

Milagros...

Milagros de sanidad en sus cuerpo

Milagros por los cuales han elevado ruegos

Milagros para sus hogares y vidas

Milagros para acabar con esas situaciones sufridas

Milagros para ojos ciegos abrir

Milagros que no tienen que ver con mentir

Milagros que permiten que Dios se levante...

Milagros....

¿Quién está esperando en quién?

¿Quién ha estado esperando por quién?

Tú dices, "Señor, he estado esperando ...

esperando en el Señor".

Y el Señor dice:

"Acaso no he enviado un profeta a tu casa

para que hable de Mi misericordia y gracia asombrosa?

¿Acaso no envié a Mi Hijo para que diga,

Soy el autor, el consumador,

Soy el que comienza sin tardar

¿Qué has comenzado ... sobre lo cual yo pueda respirar?

Tú habla y yo respiraré".

Milagros...

"¿Pueden estos huesos vivir otra vez?" hace mucho tiempo

el Señor preguntó.

Y el profeta declaró:

"Señor, por qué me preguntas a mí? ¿Cómo puedo yo saber?

Dios, tú eres el que hace todas las cosas".

Ahora, esa respuesta religiosa nunca logrará nada

Los milagros ocurren ... cuando tú no dudas

Milagros ocurren ... cuando escoges clamar

Milagros...

Estos huesos pueden vivir otra vez

No te dejes mover por muerte o pesadumbre

Milagros están ocurriendo en tu casa

Los estás liberando con tu boca

Nunca saldrás de donde estás ahora

Hasta que sepas y entiendas cómo

Tú decide dónde prefieres estar

¿Eres cautivo o eres libre?

Tienes que escoger, tienes que decir,

"Oh, mi Señor, no tardes más.

Soy un candidato para milagros".

Milagros...

No me muevo por las cosas que veo

Tus recompensas en la vida se van a determinar

Por las cosas que haces para dar a otros libertad

Milagros...

Necesitas entender, en lo profundo de tu ser

No eres natural; eres santo y divino

Cuando miras a tus finanzas

Necesitas saber que Yo verdaderamente vivo

Dices, Señor tengo un poco pero más necesito

Yo soy la porción pero tú eres la copa.

Derrámame....

Derrámame con tu boca

Habla a los vientos del norte y del sur

Habla Mis palabras de Libertad

Ven amado mío a decretar

Todos los hombres fallan, los grandes se vuelven a levantar

Cuando caes, déjame escuchar el sonar

Milagros...

Hay aquellos que en verdad han sido atados

Y ese maravilloso sonido han escuchado

Ven a Jesús, ven a Jesús, hoy sin tardar,

Ven a Jesús, ven a Jesús, sin más esperar.

Ven a Jesús, ven a Jesús, es el llamado

Ven a Jesús, ven a Jesús, uno y todos, vengan al Amado.

Milagros ....

Hay un milagro que se quiere manifestar

Milagros que a otros hombres traerán libertad

Ya no se trata de hablar de ti y de mí

Ven ahora, ¿has visto al Rey?

Milagros...

Prepara el escenario en tu casa

Abre tu corazón, abre tu boca,

Declara Milagros ahora...

Milagros de liberación y sanidad; es verdad

Milagros que fluyen de mí y de ti

Ayuda para que otros puedan mirar

Ayúdalos a cruzar el muro .... y ver la libertad

Milagros...

Vende esa propiedad este mismo día

Y haz todo lo que el Señor te diga

Tú empieza y el Señor bendecirá

Abre tu corazón y simplemente confiesa,

Milagros....

Milagros de actitud que gano
Milagros que dicen, "Todo pecado que he cometido
es perdonado"
Milagros que dicen, "Siempre gano"
Milagros de cambiar cómo pensamos
Seremos justificados por lo que declaramos
Milagros...

Has estado esperando a que Dios venga abajo
Para darte una corona maravillosa y bella
Y que te levante ese día
Pero déjame decirte, "No entiendes el plan"
Los milagros se desatan
A través de lo que los reyes y sacerdotes hablan
Avívate como instrumento del Señor,
Que tu conversación esté de acuerdo.
Milagros....

Milagros en este día
Escucha la palabra y entiende lo que digo
Nunca te quejes de lo que tú mismo permites,
Entiende que tienes que ser el arado de Dios
Alaba, alaba, alaba y levanta
Milagros...

No te quejes acerca de lo que permites

Entiende que Dios dice "Estamos equipados ...

Para milagros..."

Los Milagros están aquí hoy

Los milagros están en lo que dices

Abre tus ojos para que puedas ver

El milagro de Cristo en ti y en mí

Milagros...

Declaraciones sobre el poder y el propósito en la dimensión de lo milagroso

Gracias sean dadas a Dios quien siempre, en todo momento, me lleva de triunfo en triunfo. Antes de desatar las flechas es necesario tensar el arco hacia atrás. Nunca poseerás lo que no estás dispuesto a perseguir con todo tu ser. Es necesario que haya mucha tensión dentro de ti. Tensión para liberar la historia de la vida.

Ahora, aprende, y debes estar plenamente consciente que en ti hay destino. Cuando la fatiga entra, la fe sale. No te permitas cansarte de hacer el bien, porque cuando la fatiga entra, la fe sale, y se acomoda el no creer en tus ramas más altas. Cualquier persona que quiera decir, "O, mi Padre Dios - ya no tardes más, Lo que tú digas, yo simplemente digo que sí. Voy a insistir y perseverar y conquistar este cuerpo con tus milagros".

Impone tú mismo las manos ahora mismo y di, "Padre, en el nombre de Jesús, yo declaro, yo proclamo, soy quien Tú dices que soy. Ordeno a la fatiga, el cansancio, la frustración, la flojera, indecencia, obesidad, que me desate. No estoy enfermo. No estoy oprimido. No estoy solo. No soy pobre. Milagros. Milagros. Decreto milagros. Llamo a los milagros. Gracias, Señor, que no haré amistad con la levadura. No simplemente existiré de un día para otro. Abriré mi corazón y creeré lo que dices.

Todo aquello que Dios me ha dicho que no haga, le ordeno que me deje libre. Rehúso otorgarle poder a las tradiciones religiosas de la mente del hombre. Tengo enfoque, visión, percepción y discernimiento. Camino como un salvador sobre esta tierra. Cargo con el antídoto en contra de toda situación negativa. A aquello en lo cual he fallado, lo llamo fertilizante. Lo pongo debajo de mis pies. Rehuso mirar para atrás con actitud de derrota.

Éste es el día que ha hecho el Señor. Es el día que yo desarraigo todo aquello que el Señor no originó. Cada semilla que el Señor no plantó, lo estoy sacando. Estoy ordenando a la depresión que me abandone. Rehuso gastar mi dinero, mi energía, y mi tiempo en cosa alguna que el Señor mismo no ha originado.

No buscaré a los vivos entre los muertos. Escucho a Dios. Temo a Dios. Soy candidato para la dimensión de los milagros. Escúchame o Dios, mientras profetizo, "Estos huesos volverán a vivir".

Soy cabeza y no cola. Estoy arriba y no abajo. Soy sano. Libre. Próspero. Soy quien Dios dice que soy.

Es tiempo de volar como águila.

Escoge estar de acuerdo con Dios

Dios nos está llamando y atrayendo y dice, "Te he creado para que camines en la dimensión de lo milagroso. Te he creado no para que seas termómetro, sino termostato. Te he creado para cambiar las cosas; para tener un espíritu vivificante, y para hablar palabras que tienen el poder de lograr sus propósitos.

Cuando veas a los enfermos, a los oprimidos, a los que sufren soledad y dolor, tú eres el antídoto para su situación. No eres un mero ser humano. Puede que parezcas un ser humano natural, pero *como un hombre pensare en su corazón, así es él.* La palabra de Dios tiene el poder de hacerse cumplir. La Escritura dice en Isaías 55:11 que "Mi palabra... La envío y siempre produce fruto; logrará todo lo que yo quiero, y prosperará en todos los lugares donde yo la envíe" (NTV).

Dios tiene destino, tu ADN, tu actitud de divina naturaleza. Has de lograr algo en esta vida que es sobrenatural. Las cosas naturales que haces meramente son la cáscara del maíz. No es el maí mismo. Y Dios dice que "lo que permanece para siempre es Su palabra". ¡Siembra la Palabra!

Somos un pueblo que tenemos que entender que es la promesa de Dios. La Palabra de Dios es la que dice que eres sanado. Tú dices, "Pues, hemos orado por los enfermos y no hemos visto a nadie sanarse". Todavía está por verse. Pero las cosas temporales están pasando. Escoge estar de acuerdo con Dios.

Las cosas que ves están pasando. Las cosas que no ves son eternas y están aquí para permanecer. Tenemos que tener ojos espirituales para ver desde la perspectiva de Dios. La Palabra de Dios tiene el poder no para informarnos y hablar a nuestra alma, sino para transformarnos desde adentro. Esta transformación causará que algo divino germine dentro de ti. La Palabra divina de Dios entra en tu espíritu, cambia tu mente, y cambia tu opinión acerca de las cosas.

Hoy te estoy hablando la Palabra de Dios. Te estoy dando la medicina del Evangelio y te estoy diciendo que es imperativo que creas que has sido sanado. Cualquier cosa que ha estado creciendo en tu cuerpo, cualquier mal reporte que tengas, cualquier cosa que te falte o de lo que tengas demasiado, es un día para que los milagros se manifiesten en tu vida. Es un día en el cual tienes que escoger que el cielo y la tierra pasarán, pero que la Palabra de Dios tiene el poder de lograr sus propósitos y permanecer para siempre.

Impón manos sobre tu cuerpo ahora mismo. Si sabes de algo que está creciendo en tu cuerpo, o aun si no sabes, necesitas hablar a esto ahora porque la Palabra de Dios dice que Dios ha dado vida abundante. Él dice, *"He venido para que tengan vida, y para que la tengan en abundancia"*.

A través de la Palabra de Dios que fluye de tu boca puedes decir, "Ninguna cosa mortal puede permanecer en mi cuerpo. Le ordeno que salga en el Nombre de Jesús. Rehuso estar oprimido. Rehuso ser pobre. Rehuso estar atado. Rehuso ser víctima. Soy victorioso a través de Dios. Padre Celestial, estoy atento a Tu Palabra e inclino mis oídos a todo lo que has dicho. No permitiré que se aparten de mis ojos y los mantendré en mi corazón porque son vida y salud para todo mi cuerpo. En Apocalipsis 12:11 la Escritura dice, "Y ellos le han vencido por medio de la sangre del Cordero y de la palabra del testimonio de ellos".

Habla en contra del espíritu que trata de quitarte tu vista y tu audición, en la autoridad del Nombre de Jesús. Ordeno que venga refrigerio a tu vista y a tus oídos.

Declara, "Dios está conmigo. Dios está a mi favor. Dios ha pagado el precio. En la autoridad del Nombre de Jesús, que mi proclamación sea que ningún mal me sobrevendrá, ni plaga tocará mi morada, Pues a sus ángeles ha mandado acerca de mí. Ellos me guardan en todos mis caminos, en mi camino de vida, de sanidad, y de salud. Rehuso estar enfermo. Tomo la decisión de hablarle a mi cuerpo y decirle, 'Cuerpo, responderás a la sanidad y salud integral'. Haré mi parte. Haré todo lo que pueda. Me alimentaré bien. Dormiré bien, y viviré bien. Cuidaré de mi cuerpo de la mejor manera que pueda, y confiaré en Dios". Hay seres angelicales en espera para responder a la Palabra de Dios.

Toma esta medicina del evangelio y empieza a decir, "Señor, presento mi cuerpo porque es templo del Dios Vivo. Tú habitas en mi vida e infiltras mi espíritu, alma, y cuerpo. Estoy lleno con la plenitud de Dios".

No sucederá si no te apropias de ello.

¿Cuántos de nosotros hemos comprado muchas vitaminas pero nunca las tomamos? Gastamos el dinero y pensamos que era buena idea en el momento. Pero si no las tomamos, no nos ayudarán. No importa qué es lo que Dios ha dicho, si no lo aplicamos a nuestra vida. Si deseamos el beneficio, entonces hay un procedimiento.

Cuando comienzas a llamar a las cosas que no son a convertise en las cosas que son, y cuando ordenas...

Ven sanidad, y escucha el Nombre Santo de Jesús.

Le hablo a la dimensión de lo milagroso,

Ven, ven a mi,

Porque la palabra de Dios dice, "Ya soy libre".

¿Quién escogerá creer? ¿Quién dirá, "Señor, por fe recibo"? El palpitar de mi corazón es normal. Mi corazón palpita con el ritmo de la vida.

El Reino de Dios es un Reino de palabras. ¿Le vas a creer a cada célula que no promueve vida y salud en tu vida? Córtalo de su fuente de vida. Ordena que salga la deterioración de tus huesos, de tus dientes. Ordena a la enfermad y a los virus que salgan en el nombre de Jesús.

Dí, "He sido redimido de la maldición de la ley. El Espíritu de vida en la Palabra de Dios fluye en mí. Me limpia. Soy lavado por el agua de la Palabra de Dios.

La Escritura dice, "La ley del Espíritu de la vida en Cristo Jesús ya me ha libertado de la ley del pecado y la muerte". Así que, no permitiré que el pecado, la enfermedad, o la muerte entre. Es en contra de la ley morir.

Padre, resisto al enemigo en cualquier forma en que venga en mi contra. Le ordeno a mi cuerpo que sea fuerte, sano, próspero y sabio. Le influndo e imparto con Tu Palabra. Rechazo la maldición. Soy bendecido. Hago que se cumpla la ley de la vida en este cuerpo en la autoridad de Jesucristo el Hijo del Dios Viviente.

Eres un candidato para un milagro hoy. Cada informe que hayas recibido que no viene de Dios, lo anulo y declaro un nuevo informe sobre ti, tu mente, tus emociones, y cada célula en tu cuerpo.

Padre, te damos gracias que somos candidatos para la dimensión de lo milagroso. Eres el Sanador, el Libertador. Eres el Dios Poderoso. Nos has dado Tu Palabra. Nos has animado, exhortado, edificado, y levantado.

Te damos gracias, Señor, que Tú siempre haces mucho más abundantemente de los que pudiéramos pedir o desear.

Acerca de la Dra. Clarice Fluitt

La Dra. Clarice Fluitt es una líder cristiana reconocida internacionalmente y una empresaria exitosa, particularmente en el desarrollo de los bienes raíces. Es además muy solicitada como una Estratega y Asesora Personal, Autora, y Conferencista Motivacional.

La Dra. Fluitt es una profetiza que ha tenido la precisión de láser a través de los tiempos. Informes de milagros y sanidades asombrosas junto con la evidencia de vidas cambiadas continuamente siguen su ministerio. La vida de la Dra. Clarice es una crónica extraordinaria de experiencias vividas, tribulaciones trágicas, pruebas, y visitaciones del Señor. La Dra. Clarice es una persona sin pretensiones y amigable, por lo cual como conferencista y en el ministerio es en alta estima.

Sus conferencias impactantes en los seminarios empresariales "Lead and Succeed" han unido fuerzas con conferencistas que incluyen Larry King, Rudy Giuliani, Steve Forbes, Suze Orman, Michael J. Fox, Les Brown, Rick Belluzo, Daymon John, Shaquille O'Neal, Joe Montana, y otros conferencistas legendarios. Estos eventos innovadores y llenos de energía proveen a los individuos métodos, fórmulas, estrategias, y llaves comprobadas que lanzan a los individuos a niveles más altos de éxito.

Más Recursos de la Dra. Clarice Fluitt

(Todos estos recursos solo están en inglés)

The Law of Honor (Libro)

CD Sets

- Seeing the Invisible Clearly
- Healing Everywhere
- Don't Give Up Your Dominion
- The Believer's Job Description
- The Mentality of an Overcomer
- Moving On
- Invading the Marketplace
- They Didn't Meet on Facebook
- The Sovereignty of God
- Awaken to God's Love

Información de Contacto

Clarice Fluitt Ministries

P O Box 7888, Monroe, LA 71211

Teléfono: 318.410.9788

E-mail: claricefluitt@claricefluitt.com

Sitios Web:

www.claricefluitt.org

www.claricefluitt.com

www.ingramcontent.com/pod-product-compliance
Lightning Source LLC
Chambersburg PA
CBHW051832090426
42736CB00011B/1769